Degenhardt, Klaus

Die Limited in Deutschland

7. Auflage 2011

Degenhardt, Klaus

Die Limited in Deutschland

7. Auflage 2011

ISBN: 978-3-86741-637-5
Auflage: 1
Erscheinungsjahr: 2011
Erscheinungsort: Bremen, Deutschland

© Europäischer Hochschulverlag GmbH & Co KG, Fahren-
heitstr. 1, 28359 Bremen

www.eh-verlag.de

Inhaltsverzeichnis

Abkürzungsverzeichnis

a.A.	anderer Ansicht
Abs.	Absatz
AG	Aktiengesellschaft
AktG	Gesetz über Aktiengesellschaften
Anh.	Anhang
Art.	Artikel
BayObLG	Bayerisches Oberstes Landesgericht
BB	Betriebsberater
BFH	Bundesfinanzhof
BFH	Bundesfinanzhof
BGB	Bürgerliches Gesetzbuch
BGH	Bundesgerichtshof
BGH Z	Sammlung des Bundesgerichtshofs in Zivilsachen
BStBl	Bundessteuerblatt
CA 1985	Companies Act 1985 i.d.F. von 1989
e.V.	Eingetragener Verein
e.G.	Eingetragene Genossenschaft
EGBGB	Einführungsgesetz zum Bürgerlichen Gesetzbuch
EU	Europäische Union
EuGH	Europäischer Gerichtshof
EuGVÜ	Europäisches Gerichtsstands-Übereinkommen
EuInsÜ	Europäisches Insolvenz-Übereinkommen

| WRP | Wettbewerb in Recht und Praxis |
| ZPO | Zivilprozessordnung |

I. Einführung

Es ist gute neun Jahre her, seit der Europäische Gerichtshof grundlegend entschieden hat, dass auch juristische Personen vom Privileg der Niederlassungsfreiheit profitieren.[1] Auch wenn diese Entscheidung für Europarechtler wenig überraschend war, so hat sie doch ein Erdbeben ausgelöst. Gerade die englische Limited, kaum mit bürokratischem Ballast versehen, preiswert und ohne nennenswertes Stammkapital in ein paar Tagen zu gründen, schickte sich darauf hin allen Unkenrufen zum Trotz an, den Kontinent zu erobern.

Mittlerweile gibt es schätzungsweise 55.000 „deutsche" Limiteds, von denen jedoch nur ein Bruchteil – einer weiteren Schätzung nach etwa 15.000 - in deutschen Handelsregistern eingetragen ist. Auch dies wirft ein Schlaglicht auf die Problematik: Limiteds sind leicht zu gründen, aber in Deutschland schwer zu führen. Kein Wunder, wenn man bedenkt, dass sich das Recht der Limited unabhängig von ihrem Einsatzort immer nach dem ihrer englischen Heimat

---

[1] EuGH Urt. v. 30.09.2003 Rs C-167/01 (*Inspire Art Ltd*) und EuGH v. 05.11.2002 Rs C-208/00 (*Überseering*)

richtet, ein Recht, das hier kaum jemand kennt geschweige denn anzuwenden in der Lage ist. Einem verbreiteten Bonmot folgend werden sie in Fachkreisen bereits als „shitty limiteds" bezeichnet, was wohl keiner Übersetzung bedarf.

Ist es wirklich so schlimm? Die Limited, von schnellen Geschäftemachern als die Lösung aller Probleme verkauft, nichts weiter als eine Problemverursacherin? Beliebt bei gescheiterten Existenzen zur Verschleierung ihrer Aktivitäten?

Ja, aber nicht nur. Die neue Konkurrenz der Gesellschaftsformen hat aber auch ihr Gutes. So hat sie die große GmbH-Reform maßgeblich beeinflusst.[2] Und es haben sich in den letzten Jahren, in denen man Erfahrung im Umgang mit der „deutschen Limited" sammeln konnte, durchaus Konstellationen herauskristallisiert, in denen der Einsatz einer Limited in Deutschland sinnvoll ist. Zeit also für eine differenzierte Bilanz.

---

[2] Hierzu umfassend: Degenhardt, Das neue GmbH-Recht 2011, ISBN 978-3-86741-624-5

II. Wettbewerb der Gesellschaftsformen

Bis vor wenigen Jahren gab es keinen internationalen Wettbewerb zwischen juristischen Personen, was weniger am internationalen als am nationalen Recht lag. Denn nahezu jede Rechtsordnung sah vor, dass juristische Personen ihre Rechtsfähigkeit verlieren, sobald sie ihren Sitz ins Ausland verlegen.[3] So wurde unter anderem der Grundsatz der Niederlassungsfreiheit im EG-Vertrag ausgehebelt,[4] dessen Anwendbarkeit auf juristische Personen unter Fachleuten seit geraumer Zeit unstreitig war. Doch die Frage des Umzugs einer juristischen Person stellte sich in der Praxis gar nicht, weil eine jede juristische Person mit der Verlegung ihres Verwaltungssitzes ins Ausland ihre Rechtsfähigkeit verloren hätte – ein Rechtsprinzip, dessen Zulässigkeit bis heute unumstritten ist.

Ein Rechtsprinzip, das auch auf den zweiten Blick durchaus sinnvoll erscheint. Denn die innere Verfassung jeder juristischen Person richtet sich nun einmal nur nach dem Recht ihres Heimatlandes. Juristische Personen sind Kunstschöp-

---

[3] z. B. § 4a Abs. 2 GmbHG a.F.
[4] Art. 53-58 EGV

fungen, die als Ausnahme von dem Grundsatz, dass nur natürlichen Personen Rechtsfähigkeit zukommt, der expliziten Zulassung bedürfen. Diese Zulassung folgt nach den Regeln ihrer Heimat – nach welchen auch sonst?[5] Es erscheint daher nur logisch, wenn der Staat „abtrünnigen" Gesellschaften den Bonus der Rechtsfähigkeit unmittelbar wieder entzieht.

Bei der Limited war das immer schon anders. Die englische Rechtsordnung hat sich aus den verschiedensten Gründen – Sprachausbreitung, Kolonialgeschichte – bereits frühzeitig weit verbreitet, Offshore-Gesellschaften in der Rechtsform der Limited sind seit jeher im angelsächsischen Sprachraum länderübergreifend verbreitet. Die Limited war daher eine der ganz wenigen juristischen Personen, der es gestattet war, ihren Verwaltungssitz sanktionslos ins Ausland zu verlegen. Dies funktionierte vor dem geschilderten Hintergrund auch weitestgehend reibungslos.

---

[5] Für einige vereinzelte Gesellschaftsformen existieren bereits internationale Regeln, so für die Europäische Aktiengesellschaft (S.E.). Diese setzen jedoch zwingend Gesellschafter aus verschiedenen Mitgliedstaaten voraus.

Die Probleme kamen erst auf, als die Limited sich infolge der Rechtsprechung des Europäischen Gerichtshofes schlagartig auf das europäische Festland ausbreitete. Die englischen und die kontinentalen Rechtsordnungen weichen grundsätzlich voneinander ab. Für deutsche Juristen schwer zu fassendes Richterrecht wird durch andere Schwerpunkte im Unternehmensrecht ergänzt. Auch das englische Steuerrecht folgt zum Teil anderen Prinzipien und die Details weichen ohnehin stark von dem ab, was wir gewohnt sind.[6] Es leuchtet ohne weiteres ein, dass eine englische Limited etwa im australischen Rechtsraum nur auf geringe Probleme stößt, im ganz anders strukturierten deutschen Recht jedoch Welten aufeinander prallen. Dennoch ist nicht zu bezweifeln (auch wenn Handelsregister und Banken sich gelegentlich immer noch schwer tun), dass die Nutzung einer Limited mit Verwaltungssitz in Deutschland zulässig ist.

Doch was kommt danach? Muss der Unternehmer seine Limited beim hiesigen Handelsregister anmelden? Wo kann sie klagen und verklagt werden? Wonach richten sich die

---

[6] Vgl. hierzu ausführlich: Markert, Rechnungslegung der Limited für deutsche Kaufleute (ISBN: 978-3-86741-161-5)

Zwangsvollstreckung und Insolvenz? Wo muss bilanziert werden? In Deutschland? In England? In Deutschland und in England? Wo muss die Limited welche Steuern zahlen? Wann gilt überhaupt deutsches, wann englisches Recht? Wann haftet der Unternehmer trotz seiner Limited persönlich? Und: Lohnt das Ganze überhaupt? Wäre unsere gute alte GmbH nicht vielleicht doch die bessere Wahl? Gerade diese Frage hat angesichts der unmittelbar bevorstehenden Bemühungen des deutschen Gesetzgebers um eine deutliche Entschlackung der GmbH neue Brisanz erhalten.

Fragen über Fragen, die es zu untersuchen gilt, bevor man in den Jubelchor einstimmt. Und irgendwie ahnt man schon, dass alles doch nicht so einfach ist.

Im Folgenden soll zunächst dargestellt werden, wie die Rechtsverhältnisse der Limited im Auslandseinsatz gestaltet sind, welche Normen wo Anwendung finden, wie eine Limited strukturiert ist und was man alles in Deutschland und in England beachten muss. Daraus ergeben sich für viele Anwendungsbereiche bereits unmittelbare Schlussfolgerungen, ob der Einsatz einer Limited im konkreten Fall sinnvoll ist. Allen Unkenrufen zum Trotz: Es gibt tatsächlich Sachverhalte, in denen der Einsatz einer Limited auch hierzulande sinnvoll ist, allerdings sind es, um das gleich vorweg zu nehmen, nur wenige. Und es werden vor dem Hintergrund der Liberalisierung des GmbH-Rechts immer weniger, auch wenn die Liberalisierungsbemühungen in Deutschland halbherzig geblieben sind.[7]

Wer bei sich einen solchen Sachverhalt entdeckt, für den enthält das Buch weiterführende Informationen wie eine Mustersatzung und die deutsche Übersetzung des amtlichen Gründungs-Merkblattes.[8]

III. Juristische Personen im Überblick

Vorab einige Worte zum Verständnis der juristischen Person in unserer Rechtsordnung.

Unter juristischen Personen versteht man Rechtskonstrukte mit eigener Rechtspersönlichkeit. Da vom humanistischen Standpunkt aus nur natürlichen Personen eine eigene Rechtspersönlichkeit zukommt, sind juristische Personen eine Ausnahme von der Regel und können folglich nur dort

---

[7] vgl. Degenhardt, Das neue GmbH-Recht 2011, ISBN: 978-3-86741-624-5

[8] Der Gesamttext des Companies Act ist abgedruckt im Titel: „Companies Act UK" (ISBN: 978-3-86741-292-6)

entstehen, wo der Gesetzgeber sie (ausnahmsweise) explizit erlaubt. In Deutschland sind dies:

- die Gesellschaft mit beschränkter Haftung (GmbH)
- die Aktiengesellschaft (AG)
- die Genossenschaft (eG)
- die Kommanditgesellschaft auf Aktien (KGaA)
- der Verein (e.V.)
- die Stiftung
- der Versicherungsverein auf Gegenseitigkeit (VVaG)

Daneben existieren noch Sonderformen wie der wirtschaftliche Verein oder die gemeinnützige GmbH, denen aber im Gewerbsleben keine praktische Bedeutung zukommt. Die ausländischen Rechtsordnungen demokratischer Staaten kennen durchweg eng verwandte Gesellschaftsformen.[9]

Während Genossenschaft, Verein, Stiftung und VVaG besonderen, nicht primär wirtschaftlichen Zwecken dienen (und damit hier nicht weiter interessieren), sind die kapita-

---

[9] z.B. Limited und PLC in England, S.A. und S.A.R.L. in Frankreich, dazu im Einzelnen später

listische GmbH und AG weit verbreitet und aus dem deutschen Wirtschaftsleben nicht mehr weg zu denken. Insbesondere die GmbH erfreut sich hierzulande ungebrochener Beliebtheit und das, obwohl sie den Ruf hat, kompliziert, schadensanfällig und teuer zu sein. Es ist wohl auch der Mangel an besseren Alternativen, der die Handelnden massenhaft dazu verleitet, die GmbH als „niederste" deutsche Form der juristischen Person zu wählen. Die AG ist noch wesentlich aufwändiger und kapitalintensiver, also erst dann eine ernsthafte Alternative, wenn man Großes vorhat. Seit dem Niedergang des neuen Marktes vor einigen Jahren hat sich das Thema Beschaffung von Fremdkapital durch Publikumsgesellschaften ohnehin in vielen Fällen erledigt (und die Rechtsform der AG ihren vormals makellosen Ruf eingebüßt).

Was haben juristische Personen also für Vorteile und Besonderheiten, die jährlich hierzulande Zehntausende veranlassen, den beschwerlichen und teuren Weg zum Notar auf sich nehmen?

Da wäre zunächst der Vorteil, dass eine juristische Person über eine eigene Rechtspersönlichkeit verfügt. Sie hat eigene Rechte und Pflichten, unabhängig von den hinter ihr stehenden Personen, den Gesellschaftern. Sie kann klagen und verklagt werden, verfügt über ihre eigenen Bankkonten (ganz wichtig!) und Angestellte, kann isoliert in Insolvenz gehen - kurzum, sie ist von ihren Gesellschaftern im Rechtsverkehr mit Dritten weitgehend unabhängig. Das Risiko der Gesellschafter ist also auf ihre Beteiligung an der Gesellschaft beschränkt. Soweit die Theorie. Dass dies in der Praxis - jedenfalls bei kleinen Gesellschaften – nicht so ist, werden wir später sehen.

Ein entscheidender Vorteil der juristischen Person ist die Haftungsbegrenzung. Von Ausnahmen abgesehen haftet die Gesellschaft Dritten nur mit ihrem eigenen Vermögen, nicht aber mit dem Vermögen ihrer Gesellschafter oder Organe. Das ist natürlich sehr reizvoll, wenn das Unternehmen ein risikoreiches Gewerbe (z.B. Autohandel) ausübt. Wenn Gewährleistungsansprüche überhand nehmen, trifft es nur die (oftmals vermögenslose) Gesellschaft, nicht jedoch den Gesellschafter. Dies ist bei richtiger Gestaltung und Handhabung auch in der Praxis so realisierbar und stellt den zentralen Grund dar, warum die juristische Person so beliebt ist.

Ein weiterer liegt in der Anonymität juristischer Personen. So gibt es immer wieder Konstellationen, in denen sich eine handelnde Person nur ungern zu erkennen gibt. Dies kann lautere (z.B. Wettbewerbsgründe) und unlautere (z.B. Berufsverbot) Motive haben. Nun kann man sich immer hinter einem Treuhänder (umgangssprachlich auch Strohmann genannt) verstecken, ohne dafür eine juristische Person bemühen zu müssen, gleichwohl eignet sich diese gelegentlich ganz besonders gut dazu, die Identität der Handelnden zu verschleiern (man denke nur an eine Aktiengesellschaft mit frei übertragbaren Inhaberaktien – jenseits der meldepflichtigen Größen ein vollkommen anonymes Geschäft).

Die Gesetzesväter verfolgten mit der Zulassung von Kapitalgesellschaften naturgemäß andere Ziele. Unter anderem war das der Schutz der Gläubiger der Gesellschaft. Diese sollten durch eine üppige finanzielle Ausstattung der Kapitalgesellschaft (sic!) immer Zugriff auf hinreichendes Vermögen haben, um ihre Forderungen jederzeit befriedigen zu können. Dies nützt letztlich nicht nur dem Gläubiger, sondern auch der Gesellschaft und damit dem Gesellschafter: So wird die Gesellschaft unter anderem kreditwürdig, ein manchmal nicht unwesentlicher Gesichtspunkt.

Die Praxis indes hat auch in Deutschland schon lange einen ganz anderen Weg eingeschlagen: Es wurde mittlerweile in Theorie und Praxis jeder nur denkbare Versuch unternommen, den Gesellschaften ihr Stammkapital so schnell und restlos wie möglich zu entziehen. Für viele Gesellschafter gerade kleiner Unternehmen ist das Stammkapital nichts weiter als totes Kapital, das man an anderen Orten viel besser einsetzen kann (oder das einem vielleicht gar nicht gehört). Versuche, dies zu unterbinden (etwa durch Vorschriften über kapitalersetzende Darlehen[10] oder die Rechtsprechung zur Durchgriffshaftung bei qualifizierter Unterkapitalisierung[11]), sind faktisch weitgehend ins Leere gelaufen, was dazu geführt hat, dass jedenfalls kleinere Gesellschaften auch hierzulande heutzutage in ihrer Kreditwürdigkeit a priori einem Bankrotteur gleichen. Gleichwohl hat der deutsche Gesetzgeber die Normen über den Kapitalersatz nicht entfallen lassen, obgleich dies weitgehend befürwortet wurde. Immerhin gibt es nunmehr auch in Deutschland die stammkapitallose „Unternehmergesellschaft", die allerdings mit einer stigmatisierenden Firmierung zu kämpfen haben wird.[12]

---

[10] § 32a f GmbHG

[11] grundlegend: BGHZ 31, 270 f

[12] vgl. Degenhardt, Das neue GmbH-Recht 2011 (FN 2), S. 40 ff.

21

In Ländern mit Gesellschaften ohne Mindestkapitalausstattung wird der Gläubigerschutz in der Regel ausschließlich durch Publizität (der Beteiligungs- und Vertragsverhältnisse) und Durchgriffshaftung bei Verstößen hiergegen sichergestellt, wobei die Wirklichkeit mittlerweile hinreichend bewiesen hat, dass effektiver Gläubigerschutz in kleinen Kapitalgesellschaften ohnehin nicht zu gewährleisten ist. Im Verkehr mit kleinen Kapitalgesellschaften gilt es, die Initiative zu ergreifen und sich anderweitig abzusichern (etwa durch Eigentumsvorbehalt oder eine Bürgschaft). Auf das „Kapital" kann man sich auch in Deutschland de facto nicht verlassen.

IV.   Deutsches Gesellschaftsrecht im Überblick

Um einschätzen zu können, welche Vor- und Nachteile die Limited gegenüber den inländischen Gesellschaften hat, müssen wir uns zunächst in einem kurzen Überblick mit der deutschen Realität vertraut machen. Uns interessieren vor allem GmbH und – schon weniger – AG. Die anderen Gesellschaften spielen kaum keine Rolle bei der Frage, ob man sie durch eine Limited ersetzen kann. Dies gilt vor allem für den Bedarf kleinerer und mittlerer Unternehmen.

1. Neugründung einer GmbH oder AG

Die Gründung von neuen GmbHs und AGs in Deutschland ist zeitaufwändig, formalisiert und damit teuer.

Sie muss zwingend vor dem Notar erfolgen.[13] Vom Gründungsakt (der notariellen Beurkundung des Gesellschaftsvertrages und der Beglaubigung der Anmeldung zum Handelsregister) bis zur tatsächlichen Eintragung vergehen zwischen einem und drei Monaten.

Da die Gesellschaften jedoch erst mit dem Schlussakt der Eintragung ins Handelsregister ihre Wirkung entfalten (vor-

---

[13] § 2 Abs. 1 GmbHG

her also die Handelnden mit ihrem Privatvermögen unbe-schränkt haften![14]), braucht man bei diesem Weg einen langen Atem. Freilich kann man auch im Rahmen einer so genannten Vor-GmbH unternehmerisch handeln, haftet dann aber bis zur Eintragung der GmbH in das Handelsre-gister persönlich.[15]

Teuer ist die GmbH noch dazu. Die Kosten für eine einfa-che Gründung übersteigen bei einer GmbH bereits regel-mäßig 1.000,00 Euro (3.000,00 Euro bei einer AG).[16]

2. Unternehmergesellschaft

Um den Bedürfnissen von Existenzgründern, die am Anfang nur sehr wenig Stammkapital haben und benötigen (z.B. im Dienstleistungsbereich) zu entsprechen, hat das MoMiG eine „Einstiegsvariante" der GmbH, die haftungsbeschränkte Unternehmergesellschaft, geschaffen.[17]

---

[14] § 11 Abs. 2 GmbHG

[15] § 11 Abs. 2 GmbHG

[16] Einzelheiten siehe: Degenhardt, Das neue GmbH-Recht 2011 (FN 2), S. 72 ff.

[17] § 5a GmbHG neu

Es handelt sich hier um eine vollwertige GmbH, die sich zunächst von einer „normalen" GmbH nur dadurch unterscheidet, dass sie über ein Stammkapital verfügt, das 25.000 Euro unterschreitet.

Im Gegenzug hat der Unternehmer folgende Restriktionen zu beachten:

Das Stammkapital muss vor Eintragung voll in bar eingezahlt sein,[18] die Gesellschaft muss den Zusatz „Unternehmergesellschaft (haftungsbeschränkt)" oder „UG (haftungsbeschränkt)" führen,[19] und in der Bilanz des Jahresabschlusses ist eine gesetzliche Rücklage zu bilden, in die ein Viertel des um einen Verlustvortrag aus dem Vorjahr geminderten Jahresüberschusses einzustellen ist. Die Rücklage darf nur die Umwandlung in Stammkapital verwandt werden.[20] Dies gilt so lange, bis das Mindest-Stammkapital einer „normalen" GmbH erreicht ist. Danach kann die Gesellschaft

---

[18] § 5a Abs. 2 GmbHG neu

[19] § 5a Abs. 1 GmbHG neu

[20] § 5a Abs. 3 GmbHG neu

25

den herkömmlichen Zusatz „GmbH" führen, muss es aber nicht.[21]

Abweichend von § 49 Abs. 3 GmbHG muss die Versammlung der Gesellschafter bei drohender Zahlungsunfähigkeit unverzüglich einberufen werden.[22]

3. Vorrats-Gesellschaften

Die Alternative, eine der vielen in den Tageszeitungen und im Internet angebotenen vorgegründeten sog. Vorratsgesellschaften zu übernehmen, spart Zeit, ist aber deutlich teurer als die Neugründung.

Vorratsgesellschaften sind GmbHs (oder AGs) mit standardisierter Satzung, die ohne spezifischen Unternehmenszweck auf Vorrat gegründet wurden. Sie sind bereits im Handelsregister eingetragen und damit voll gegründet. Anstelle der Gründung einer „eigenen" GmbH erwirbt der Käufer die Geschäftsanteile der Vorrats-GmbH und lässt sich diese abtreten, bestellt sich zum Geschäftsführer und

---

[21] § 5a Abs. 5 GmbHG neu
[22] § 5a Abs. 4 GmbHG neu

ändert Satzung und Unternehmenszweck so, wie er ihn benötigt.

Damit ist natürlich eine wesentliche Zeitersparnis verbunden, auf der anderen Seite aber auch deutlich höhere Kosten. Der Notar muss zweimal bemüht werden (bei der Gründung und bei der Abtretung) und die durchweg professionellen Anbieter von Vorratsgesellschaften lassen sich ihre Dienste natürlich auch honorieren. Zwar hat zunehmender Wettbewerbsdruck auch hier die Preise in letzter Zeit eher sinken lassen, aber unter dem Strich liegen die Gesamtaufwendungen naturgemäß deutlich höher als im Fall der Eigengründung.

Wer eine vorgegründete GmbH kauft, zahlt zumeist bei Beurkundung des Abtretungsvertrages einen „Kaufpreis" von etwa 27.500 Euro.[23] Darin enthalten ist ein Bankkonto der GmbH, auf dem sich das durch die Gründungskosten verminderte Stammkapital befindet. Da sich die professionellen Anbieter von Vorratsgesellschaften auch die Eröff-

---

[23] siehe etwa die Angebote der FORATIS AG unter *www.foratis.com* oder VORRATSGESELLSCHAFTEN DEUTSCHLAND AG unter *www.vorratsgesellschaften-deutschland.de*. Die Beispielrechnung bezieht sich auf eine GmbH mit einem Stammkapital von 25.000 Euro.

nungsbilanz der Gesellschaften honorieren lassen, kann es durchaus vorkommen, dass der Kontostand bei lediglich 23.000 Euro einpendelt – bis hierhin hat man also bereits 4.500 Euro weggegeben. Dazu kommen noch die Kosten für die Abtretung des Geschäftsanteils, die (zwingend notwendige) Satzungsänderung, die Abberufung und Neubestellung des Geschäftsführers und die Anmeldung zum Handelsregister. Der Gesamtaufwand beim Notar unterscheidet sich nicht wesentlich von dem einer einfachen Neugründung. Man zahlt also für den Vorteil, von Anbeginn an eine vollwirksame juristische Person zu erhalten, einen Mehrpreis, der sich in Regionen von 4.000 bis 5.000 Euro bewegt.

Hinzu kommt ein wesentlicher weiterer Nachteil: Das Stammkapital muss beim Erwerb einer Vorrats-GmbH immer in voller Höhe vom Erwerber aufgebracht werden, von der Möglichkeit, nur die Hälfte einzuzahlen,[24] wird regelmäßig aus Haftungsgründen kein Gebrauch gemacht. Nur so kann der Verkäufer sich davor schützen, im Fall einer späte-

---

[24] vgl. § 7 Abs. 2 GmbHG, Einzelheiten gleich

ren Insolvenz der Gesellschaft persönlich wegen deren Unterkapitalisierung belangt zu werden.[25]

Hinzu kommt noch, dass nach der Rechtsprechung die (Wieder- oder Erst-) Aktivierung einer unternehmenslosen GmbH wie eine Neugründung zu behandeln ist.[26] Das bedeutet, dass der Käufer auch nach dem Erwerb einer Vorratsgesellschaft alle Formalitäten einer Neugründung über sich ergehen lassen muss und auch wie ein Gründer persönlich für die Kapitalausstattung haftet – mit der einen Ausnahme, dass seine GmbH bereits eingetragen ist und die Haftungsbeschränkung damit wirksam ist.

Dies ist und bleibt daher das entscheidende Kriterium für eine Vorrats-GmbH. Wer darauf nicht warten kann und wem dieser Vorteil eine (grob gerechnet) Verdreifachung der Gründungskosten wert ist, für den ist die Vorrats-GmbH eine denkbare Alternative.

---

[25] zu den Grundsätzen der Durchgriffshaftung wegen Unterkapitalisierung siehe im Einzelnen Degenhardt, Das neue GmbH-Recht 2011 (FN 2), S. 42 ff.

[26] umstritten, aber gängige Praxis, vgl. OLG Frankfurt GmbHR 1999, 82

4. Übernahme einer Alt-Gesellschaft

Schließlich kann man auch eine ausgediente GmbH (oder AG) kaufen. Angebote in der Tagespresse und in Internet-Börsen gibt es immer wieder.

Doch hier ist allergrößte Vorsicht angesagt. Sollte die GmbH Verbindlichkeiten haben (etwa Steuerschulden), so bleiben diese auch nach der Veräußerung bei der Gesellschaft. Außerdem ist oft gar nicht erkennbar, ob auf eine GmbH, die früher einmal werbend tätig war, zukünftig aus dieser Tätigkeit nicht doch noch Ansprüche zukommen (etwa Gewährleistungsansprüche oder Steuerschulden). Das kann oftmals nicht einmal der alte Geschäftsführer abschließend einschätzen. Ist dies aber später der Fall, kann sich der Kauf ganz schnell als Fass ohne Boden erweisen. Regressansprüche gegen den Verkäufer der GmbH helfen da meist nicht weiter. Sie erweisen sich oftmals als wirtschaftlich wertlos.

Hinzu kommt, dass nach der bereits zitierten Rechtsprechung, wonach die Reaktivierung einer untätigen GmbH einer Neugründung gleichkommt, der Nutzung von steuerlichen Verlustvorträgen nur noch in seltenen Fällen gelingt. Wenn Gesellschafter und Unternehmenszweck komplett ausgetauscht bzw. geändert werden, hat sich dieses Thema schon meist von selbst erledigt,[27] so dass vom Kauf einer „gebrauchten" GmbH oder AG nahezu immer abgeraten werden muss.

5. Stammkapital

Jede GmbH oder AG ist vom Gründer mit einem Stammkapital zu versehen. Bei der GmbH sind dies 25.000 Euro,[28] bei der AG 50.000 Euro.

Dieses Stammkapital ist in der Regel in bar aufzubringen. Die auch mögliche Sachgründung ist wegen der damit verbundenen Bewertung der eingebrachten Sachen oder Rechte noch zeitaufwendiger und teurer.[29] Sie ist allenfalls dann eine Alternative, wenn man Zeit und z.B. ein unbelastetes Grundstück hat, das den Wert des Stammkapitals klar übersteigt. Doch auch hier gilt: wer will schon ein Grundstück einer kleinen GmbH zur Verfügung stellen? Auch da

---

[27] BFH StBl. II 1987, 310; entscheidend ist die „wirtschaftliche Identität", die durch derartige Maßnahmen aberregelmäßig verloren geht

[28] § 5 GmbHG

[29] § 8 Abs. 1 Nr. 5 GmbHG

ist es zumeist besser, das Grundstück zu beleihen und mit dem Darlehen eine Bargründung vorzunehmen.[30]

Es genügt, zunächst nur ein Viertel des jeweiligen Stammkapitals, mindestens jedoch 12.500 Euro, einzuzahlen. Der Rest ist erst bei Anforderung durch die Gesellschaft fällig,[31] die freilich unverzüglich zu erfolgen hat, wenn die Gesellschaft das Kapital benötigt. In Höhe des nicht eingezahlten Kapitals haften alle Gesellschafter füreinander persönlich.[32]

In der Praxis werden immer wieder phantasievoll alle möglichen Wege beschritten, der Gesellschaft dieses teure Stammkapital sogleich wieder zu entziehen. Der beliebteste: Unmittelbar nach Eintragung ins Handelsregister gewährt sich der Gesellschafter ein Darlehen in Höhe des restlichen Stammkapitals. Oder: Er bringt überteuerte Wirtschaftsgüter in die GmbH ein und lässt sich dafür über Gebühr bezahlen. Oder: Er schließt Arbeitsverträge zu unmöglichen Konditionen ab, die dazu führen, dass bereits nach ein paar Monaten das Stammkapital aufgezehrt ist. Die Beispiele ließen sich endlos verlängern, indes: Dies funktioniert

---

[30] Einzelheiten zur Sachgründung siehe Ziff. III 4
[31] § 7 Abs. 2 GmbHG
[32] § 24 GmbHG

so nicht. Das Gesetz formuliert eindeutig, dass das zur Erhaltung des Stammkapitals erforderliche Vermögen der Gesellschaft an die Gesellschafter nicht ausbezahlt werden darf.[33]

Spätestens im Insolvenzfall (der auf diese Weise schnell eintritt) wird der Verwalter alles zurückverlangen[34] und eine Haftungsbeschränkung auf das (nicht vorhandene) Vermögen der GmbH tritt auf diese Weise auch nicht ein. Schlimmer noch: Jeder Gesellschafter haftet insoweit auch persönlich für seinen Mitgesellschafter,[35] also auch für Beträge, die er gar nicht erhalten hat! Bei dem Ergebnis hätte man sich den Gründungsaufwand sparen können. Und: Wer eine GmbH durch einen Treuhänder („Strohmann") gründen lässt, muss sich so behandeln lassen, als wenn er selber Gesellschafter wäre.[36] Auch Zahlungen an nahe stehende Dritte (die Ehefrau erhält ein stattliches Gehalt, kennt aber nicht mal die Büroadresse) helfen nichts, sobald zwischen

---

[33] § 30 Abs. 1 GmbHG
[34] § 31 GmbHG
[35] § 31 Abs. 3 GmbHG
[36] BGH NJW 91, 1058

dem Zahlungsempfänger und dem Gesellschafter eine so genannte „qualifizierte Nähe" festzustellen ist.[37]

Fazit: Zumindest ein nicht unerheblicher Teil des Stammkapitals ist in bar aufzubringen und kann der Gesellschaft auch nicht wieder entzogen werden, will man deren Vorteile (vor allem den der Haftungsbeschränkung, dazu gleich) nutzen.

6. Haftungsbeschränkung

Damit sind wir beim wichtigsten Thema: Wird eine GmbH richtig gegründet und geführt, findet eine Beschränkung der Haftung auf das Gesellschaftsvermögen statt. Die Privatvermögen der Gesellschafter oder des Geschäftsführers haften nicht für Verbindlichkeiten der Gesellschaft.

Dies betrifft vor allem Ansprüche von Geschäftspartnern der Gesellschaft. Wer in einer schadensgeneigten Branche arbeitet (z.B. Gebrauchtwagenhändler, aber auch so mancher Handwerker), kommt um eine Konstruktion, die ihn

---

[37] Vgl. Altmeppen in Roth/Altmeppen, GmbHG, § 30 Rz. 31

persönlich von der Haftung freistellt, kaum herum. Hierzu ist die GmbH gut geeignet.

Das Prinzip der Haftungsbeschränkung funktioniert allerdings in der Praxis nicht bei langfristig angelegten, strukturellen Geschäftsbeziehungen. Leiht eine Bank einer kleineren GmbH Geld, so tut sie dies so gut wie nie, ohne Geschäftsführer und Gesellschafter vertraglich in die Mit-Haftung zu nehmen. Der Automobilhersteller, der mit einer GmbH einen Händlervertrag schließt, gibt sich ebenfalls nicht mit deren Haftungsmasse zufrieden. Und: Verletzt der Geschäftsführer das Prinzip der Trennung des Privatvermögens vom Firmenvermögen, so gilt diese Haftungsbeschränkung auch nicht. Es tritt der Fall der sog. Durchgriffshaftung ein.[38] Hierfür ist die Einmann-GmbH natürlich besonders anfällig.

Die Haftungsbeschränkung entfaltet daher ihre schützende Wirkung vor allem im täglichen Kundenverkehr.

---

[38] Einzelheiten s.o.

7. Handelsrecht, Steuern

GmbHs und AG müssen zu ihrer Entstehung im Handelsregister eingetragen werden,[39] sie müssen Bilanzen, Jahresabschlüsse und u. U. auch Lageberichte fertigen[40] und diese in aller Regel auch hinterlegen.[41] Der Abschluss muss geprüft werden, wenn es sich nicht um ein kleines Unternehmen handelt.[42] GmbHs und AGs unterliegen der Körperschaftsteuer[43] und haben immer und unabhängig von ihrem Geschäftszweck die Kaufmannseigenschaft.[44]

Ihr steuerlicher und kaufmännischer Betrieb ist daher wesentlich aufwändiger als der eines vergleichbaren Einzelunternehmers. Ohne die Hilfe eines Steuerberaters kommt man schon lange nicht mehr aus.

---

[39] § 11 GmbHG

[40] § 42 GmbHG, §§ 242 ff, 264 ff HGB

[41] § 325 HGB

[42] §§ 326 i.V.m. § 267 HGB

[43] § 1 KStG

[44] z.B. § 13 Abs. 3 GmbHG für die GmbH

8. Organe

Pflichtorgane der GmbH sind der Geschäftsführer und die Gesellschafterversammlung, bei der AG sind es Vorstand, Aufsichtsrat und Hauptversammlung. Der Geschäftsführer der GmbH kann auch deren einziger Gesellschafter sein.

Im Falle kleiner Gesellschaften (namentlich Einmann-GmbHs) kann die Gesellschafterversammlung durchaus morgens vor dem Spiegel stattfinden, bei der AG sind naturgemäß mehr Formalien einzuhalten. Wer im Aufsichtsrat ist, kann z.B. nicht gleichzeitig im Vorstand sein und die Durchführung der Hauptversammlung unterliegt strengen Formalien.

Es würde hier zu weit führen, alle Einzelheiten darzustellen, festzuhalten ist aber, dass namentlich die kleinere deutsche Ein-Mann-GmbH insoweit sehr pflegeleicht ist, da sie auf einen Aufsichtsrat, Beirat oder Verwaltungsrat verzichtet. Wie wir noch sehen werden, ist sie in diesem Punkt sogar deutlich pflegeleichter als die Limited.[45]

---

[45] Einzelheiten siehe Ziff. V 2.2

9. Anonymität

Ein häufiges Motiv zur Nutzung von Kapitalgesellschaften ist deren Anonymität. Rechtliche Selbständigkeit, vom Namen der Gesellschafter losgelöste Firma, all das verleitet schnell zu der Annahme, hier könne man handeln, ohne erkannt zu werden.

Das freilich funktioniert nicht so einfach. Selbst zur einfachsten Ein-Mann-GmbH gehört immer eine natürliche Person, deren Identität als Geschäftsführer im Handelsregister für jedermann ersichtlich offen gelegt wird. Natürlich kann man auch hier einen Strohmann vorschieben, der die Anteile auf fremde Rechnung hält und den Geschäftsführer mimt, indes ließe sich dies rechtlich wasserdicht (nämlich so, dass Hintermann jederzeit und einseitig wieder vollen Zugriff auf Anteil und Geschäftsführung nehmen kann, falls der Strohmann eigene Wege geht) nur durch einen notariell beurkundeten Treuhandvertrag ausgestalten,[46] was nicht nur teuer und aufwendig, sondern auch im Hinblick

---

[46] § 15 Abs. 3 GmbHG verlangt die notarielle Beurkundung von Anteilsübertragungen. Dies erstreckt sich auf den Treuhandvertrag, wenn dieser bereits die Rückübertragung des Anteils an den Treugeber vorsieht.

auf die beabsichtigte Anonymität kontraproduktiv wäre. Man kann die Dinge wegen der Beurkundungspflicht nicht auf das Verhältnis Treugeber-Treunehmer beschränken, es sei denn, man wäre mit einer Lösung zufrieden, die man im Streitfall nicht sofort durchsetzen könnte, wozu man niemandem ernsthaft raten kann. Die isolierte GmbH eignet sich daher kaum zum anonymen Handeln, will man sich nicht von der Person des Strohmanns und seinen Launen abhängig machen.

Bei der AG sehen die Verhältnisse etwas anders aus, namentlich bei der Ausgabe von frei übertragbaren Inhaber-Aktien bleibt der Gesellschafter (Aktionär) anonym, wenn man einmal von Meldepflichten bei Erreichen von Mindestbeteiligungsquoten absieht,[47] die in der Praxis kleiner Gesellschaften aber keine große Rolle spielen. Doch auch hier gilt: Wer abgesicherten Einfluss auf die Geschäfte und damit den Vorstand ausüben möchte, muss den Aufsichtsrat besetzen und sich spätestens damit zu erkennen geben.

Deutsche Kapitalgesellschaften eignen sich daher nur wenig, um anonym zu handeln, was ganz im Sinne des Ge-

---

[47] §§ 20 f. AktG, ab 25%

setzgebers ist. Mit flächendeckender Einführung elektronischer Handelsregister ist ohnehin ein entscheidender Schritt zum gläsernen Kaufmann getan.

V. Ausländisches Gesellschaftsrecht im Überblick

Wie sieht die Situation demgegenüber bei der Limited und anderen ausländischen Kapitalgesellschaften aus? Ist ihre Gründung genauso kompliziert und teuer? Ist ihr Betrieb ähnlichen steuerlichen und handelsrechtlichen Restriktionen unterworfen? Wie steht es um die Publizität?

Die nähere Betrachtung dieser und anderer Fragen ist wichtig, weil sich das Innenverhältnis juristischer Personen immer nach ihrem Heimatrecht richtet, ein Wegzug hieran also nichts ändert. Dieses Heimatrecht muss man daher zumindest in seinen Grundzügen kennen.

1. Offshore-Unternehmen aus Steueroasen

Zunächst muss man grundsätzlich zwischen Gesellschaften aus so genannten „Steueroasen" (Karibik, Bahamas, Isle of Man etc., „Offshore-Companies") und solchen aus Vollmitgliedstaaten der Europäischen Union unterscheiden.

Erstere lassen sich als Briefkastenfirmen mehr oder weniger einfach in jeder Steueroase dieser Welt einfach und – wen wundert es - auch immer anonym gründen. Sie sind, sofern alles richtig gemacht wurde, auch durchaus in der Lage, in Deutschland eine Zweigniederlassung einzurichten oder eine Beteiligung (z.B. an einer deutschen GmbH) zu halten, das war es aber auch schon. Doppelbesteuerungsabkommen mit den Herkunftsländern gibt es natürlich nicht, so dass mit Ausnahme der (theoretisch) recht sicher gewährleisteten Anonymität kaum ein nennenswerter Nutzen erkennbar ist, es sei denn, der Gesellschafter verwaltet gewaltige Vermögen oder Beteiligungen.

Und auch mit der Anonymität ist das so eine Sache: Der Rückschluss auf den tatsächlich Handelnden ist, fernab jeder verschlungenen und theoretisch noch so sicheren Rechtskonstruktion, für die heimischen Behörden oftmals recht leicht nachvollziehbar, denn irgendwer muss ja im Inland auftreten, und selbst wenn auch das ein Strohmann sein sollte, so lässt sich der tatsächlich Begünstigte doch meist anhand der wirtschaftlichen Verhältnisse rasch so hinreichend genau identifizieren, dass es für den Erlass bestandskräftiger Steuerbescheide genügt.

Offshore-Unternehmen hat es immer schon gegeben, ihre Bedeutung in Deutschland ist aus den genannten Gründen jedoch gering und die veränderte Rechtslage betrifft diese Firmenkonstrukte nicht, da sie nicht in Mitgliedsstaaten der

EU ansässig sind und damit nicht von dem Recht auf freie Niederlassung in der Gemeinschaft profitieren.

Wenden wir uns also den juristischen Personen aus anderen EU-Mitgliedsstaaten zu.

2. Die Limited

Klarer Trendsetter in Sachen einfache, preiswerte und unkomplizierte Gestaltung von Gesellschaften mit beschränkter Haftung ist seit jeher Großbritannien. Das hat unter anderem seinen Grund in den diversen zum Empire gehörenden Steueroasen (British Virgin Islands, Isle of Man, Channel Islands u.v.a.m), man war also seit jeher bestens geübt in der Nutzung von unkomplizierten Firmenkonstruktionen.

Vorläufige Ausbaustufe dieser Entwicklung ist die nun auch hierzulande immer berühmtere Limited, oder, mit vollem Namen: *„private company limited by shares"*. Der Rechtsrahmen dieser Limited ist der sog. „Companies Act" in der jeweils aktuellen Fassung, ein mittlerweile unübersichtliches, weil regelmäßig novelliertes Gesetzeswerk.[48]

2.1. Gründung

Die Gründung einer Limited ist auch für Ausländer ausgesprochen einfach. Alle Formblätter sind einfach öffentlich zugänglich[49] und wer das umfassende Merkblatt des Companies House zur Gründung einer Limited gelesen hat, ist ohne weiteres in der Lage, in einer ruhigen Stunde alle Formalitäten zu erfüllen, die nötig sind, um eine Limited zu gründen. Jeder gesetzlich zulässige Zweck kann gewählt werden.[50]

Keiner der Gründer muss die britische Staatsbürgerschaft besitzen. Allerdings ist der gesamte Schriftverkehr in englischer Sprache abzuwickeln und alle Gesellschaftsunterlagen (Satzung, Erklärungen, Ernennungen etc.) müssen in Englisch abgefasst werden.

---

[48] Vollständiger redaktionell bearbeiteter Abdruck in: „Companies Act UK", ISBN 978-3-86741-292-6

[49] Einzelheiten dazu gleich

[50] Sec. 1 CA

Man benötigt zur Gründung ein „Memorandum"[51] (Satzung) und – bei der Limited allerdings nicht zwingend - „Articles". Bestimmte gesetzliche Rahmenvorschriften („Tables A-E") sind hierbei einzuhalten.[52] Die Dokumente müssen unterschrieben werden und die Authentizität der Unterschrift von einem Dritten bestätigt werden (etwa von einem Rechtsanwalt oder einem Zeugen). Das „Memorandum" muss mindestens folgende Punkte enthalten:[53]

- Name der Gesellschaft

- Ort des „Registered Office" der Gesellschaft

- Zweck der Gesellschaft

- den Umstand der Haftungsbeschränkung

- das Stammkapital, seine Stückelung und Aufteilung auf den oder die Gründer

Die Grundstruktur der Limited ergibt sich im Zweifel aus dem „Table A",[54] der für die hier skizzierten Zwecke (kein operatives Geschäft in Großbritannien) auch in aller Regel

---

[51] Muster in Kapitel VIII
[52] Einzelheiten dazu gleich
[53] Sec. 2 CA
[54] Einzelheiten vgl. Sec. 8 ff CA 1985

ausreicht, so dass man von der Abfassung individueller „Articles" durchaus absehen kann.

Die Gründung muss unter Hinterlegung des Memorandums (und ggf. der „Articles") beim Companies House in Cardiff angemeldet werden.[55] Die Namen der Gesellschafter sind anzugeben und werden veröffentlicht.[56] Dem Memorandum sind zwei Formblätter hinzuzufügen, nämlich das

- "Statement of the Particulars of the directors and secretary and situation and registered office" (Angaben zu Geschäftsführer, Sekretär und Sitz, durch den Geschäftsführer und den Sekretär der Limited), und die

- "Declaration of Compliance" (Angaben zur Erfüllung der gesetzlichen Vorgaben durch den Geschäftsführer, den Sekretär oder einen Rechtsanwalt).[57]

Die Anmeldegebühr für den gesamten Vorgang beträgt zurzeit 20 GBP (80 GBP für den Übernacht-Express-Service).

Anschließend wird die Gesellschaft – in der Regel binnen weniger Tage - mit einer fortlaufenden Nummer im Fir-

---

[55] Einzelheiten vgl. Sec. 10 ff CA

[56] Einzelheiten vgl. Sec. 22 ff CA

[57] beide Formulare erhältlich unter *www.companies-house.co.uk*.

menindex veröffentlicht und die Gründungsurkunde ausge-
stellt. Die Limited ist nun handlungsfähig, sie muss freilich
grundsätzlich den warnenden Hinweis auf ihre Rechtsform
führen und ihre Firma darf mit keiner anderen im Register
verwechselbar sein, was man tunlichst schon vorab (online)
prüfen sollte und kann.[58]

Der Anteilseigner erhält Anteilsscheine, die übertragbar und
verpfändbar sind.[59] Die Namen der Anteilseigner werden im
Register veröffentlicht und auch eine spätere Anteilsüber-
tragung wird erst wirksam, wenn der Erwerber als neuer
Anteilseigner im Register eingetragen ist.[60] Weitere formale
Voraussetzungen (z.B. ein Beurkundungszwang wie im
deutschen Recht) existieren nicht.

Es gibt eine Reihe von in- und ausländischen Anbietern von
„shelf-companies" (Mantelgesellschaften), die vorgegründete „Limiteds" anbieten (ähnlich den deutschen Vorrats-
GmbHs, siehe oben). Da die notwendig werdenden Änderungen in Bezug auf Satzung, Geschäftsführung und Gesellschafter bei der Limited wesentlich einfacher und preiswer-

---

[58] *www.companies-house.co.uk*
[59] Art 6 f. Table A CA
[60] Sec. 22 CA

47

ter als etwa bei der GmbH vorgenommen werden können, ist dieses Vorgehen vergleichsweise preiswert. Eine fix und fertig vorgründete Limited gibt es bereits ab ca. 250 Euro.

Da man für eine Gründung zunächst immer eine Zustell-adresse in England oder Wales benötigt, kann es bereits aus Kostengründen durchaus sinnvoll sein, einen solchen Firmenmantel zu erwerben. Anders als im Recht der deut-schen Vorratsgesellschaften ist der Rückgriff auf einen kommerziellen Anbieter vorgeründeter „Limiteds" hier fast immer sinnvoll, zumal die Mehrkosten gegenüber einer Eigengründung oftmals akzeptabel erscheinen.

2.2. Organe

Organe der Limited sind Geschäftsführer („Director"), Sekre-tär („Company Secretary") und Gesellschafterversammlung.

Eine Personalunion von Geschäftsführer und Secretary ist bei nur einem Geschäftsführer unzulässig, so dass eine pu-re Ein-Mann-Ltd nicht möglich ist.[61] In diesem Punkt ist die Limited weniger pflegeleicht als etwa eine GmbH. Bei einer

---

[61] vgl. Sec. 283 (4) a CA 1985

Limited müssen immer mindestens zwei natürliche Personen beteiligt sein.

2.2.1.   Geschäftsführer

Die Bestellung des Geschäftsführers („Director") der Limited durch die Gesellschafterversammlung ist gesetzlich auf zwei Jahre befristet, sie kann aber beliebig oft wiederholt werden.[62]

Geschäftsführer kann im Übrigen nicht werden, wer bankrott ist. Dieser Ausschluss gilt gleichermaßen für einen Deutschen, der sich hierzulande in der Insolvenz befindet oder die eidesstattliche Versicherung abgegeben hat. In Deutschland ist die Schwelle deutlich höher angesiedelt; von der Geschäftsführung einer GmbH ist hierzulande nur ausgeschlossen, wer wegen Insolvenzstraftaten rechtskräftig verurteilt wurde.[63] Dieser Punkt wird im Übrigen gerne übersehen oder im Beratungsgespräch unterschlagen. Konsequenz dieser Regelung ist, dass sich die Limited aber

---

[62] Sec. 319 CA
[63] vgl. §§ 283 – 283d StGB

eben gerade nicht für einen Wiederanfang nach einem geschäftlichen Scheitern eignet.

Minderjährige können hingegen ohne weiteres Geschäftsführer einer Limited werden, sofern sie im Einzelfall verstehen, was sie tun. Auch dies ist bei der deutschen GmbH anders; hier sind Minderjährigere generell von der Geschäftsführung ausgeschlossen.[64]

Die Pflichten des Geschäftsführers der Limited ergeben sich aus der Satzung, dem (englischen) Gesetz (im Wesentlichen dem Companies Act 1985[65]) und der (englischen) Rechtsprechung. Der Geschäftsführer muss grundsätzlich im Interesse der Gesellschaft handeln und ihren Zweck fördern. Hierzu zählt im Zweifel auch die Gewinnerzielung. Verstößt er hiergegen oder gegen das Wohl der Gesellschaft im Allgemeinen, so haftet er in weitem Umfang dafür persönlich. Daneben kann der Geschäftsführer dann selbstverständlich auch abberufen werden. Schließlich sieht das englische Recht weitgehende Berufsverbote für persönlich oder fachlich ungeeignete Geschäftsführer vor, die freilich zurzeit in

---

[64] vgl. § 6 Abs. 2 GmbHG

[65] Sec. 282 ff CA

Deutschland nicht durchsetzbar sein dürften. Eine Weitergabe der Rechte aus der Geschäftsführung an Dritte ist nur in engen Grenzen zulässig. Geschäfte des Geschäftsführers mit der Gesellschaft (z.B. Darlehensverträge, aber auch der Anstellungsvertrag) unterliegen einer strengen Offenlegungsverpflichtung.[66]

Zusammengefasst unterscheidet sich die Stellung des „Director" einer Limited nur in Nuancen von denen des Geschäftsführers einer GmbH. Wo das englische Recht härter ist, kann man sich zumeist durch anpassende Regelungen in der Unternehmenssatzung helfen. Das gilt freilich nicht für den persönlichen Ausschlustatbestand der Insolvenz, den es so in Deutschland nicht gibt. Für den „Neuanfang" nach einer Insolvenz ist die Limited daher erst geeignet, wenn das deutsche Insolvenzverfahren erfolgreich abgeschlossen ist, ein Umstand, der gerne übersehen wird, zumal derzeit nach den Erkenntnissen des Autors auch keine Verifizierung dieser Angaben durch das englische Handelsregister erfolgt, so dass ein Verstoß zunächst meist unentdeckt bleibt. Diese Erkenntnis hilft freilich dann nicht weiter, wenn der Gesetzesverstoß publik wird und der Geschäfts-

---

[66] Sec. 311 ff. CA

führer unmittelbar darauf von der Geschäftsführung ausgeschlossen wird.

2.2.2. Gesellschafterversammlung

Die Gesellschafterversammlung der Limited muss einmal jährlich tagen, die Sitzungsniederschriften sind beim Register einzureichen.[67] Weitere Formvorschriften hierfür gibt es nicht, darüber hinaus ist es in weiten Bereichen gestattet, auf die formale Versammlung zu verzichten, wenn die Gesellschafter gleich lautende schriftliche Beschlüsse fassen.[68] Auch Geschäfte zwischen Gesellschaftern und der Limited (z.B. Gesellschafterdarlehen) unterliegen strengen gesetzlichen Offenlegungskriterien.

2.2.3. Secretary

Die Funktion des „Secretary" beschränkt sich im Wesentlichen auf die Überwachung und Einhaltung der Formalien

---

[67] Sec. 382 A CA
[68] Sec. 382 A CA

und dem Verkehr mit dem Register.[69] Insoweit kann er die Limited auch vertreten.

Der „Sectretary" ist zwingend vorgesehen; die Personalunion von „Director" und „Secretary" ist untersagt.[70] Nicht jeder kann Secretary werden, erforderlich ist eine bestimmte Qualifikation. Im Einzelnen ergeben sich die Voraussetzungen aus Sec. 286 des CA; zusammenfassend kann an sagen, dass die Voraussetzungen auf englische Rechtsanwälte, Steuerberater, Wirtschaftsprüfer und Absolventen bestimmter Institute zugeschnitten sind, so dass der Rückgriff auf die deutsche Ehefrau als „Company Secretary" scheitern wird. Auch dies ist ein Grund, der es sinnvoll erscheinen lässt, mit einem seriösen Anbieter von Vorratsgesellschaften zusammenzuarbeiten, da dieser Dienst immer zusätzlich angeboten wird. Im Übrigen würde es nichts helfen, zwei Geschäftsführer zu ernennen. Zwar darf dann einer der Geschäftsführer in Personalunion als „Secretary" fungieren, allerdings muss auch er die Qualifikation nach Sec. 286 CA erfüllen.

---

[69] Sec. 352 CA

[70] Sec. 283 (2) CA

2.3. Stammkapital

Die Limited kennt kein qualifiziertes Mindeststammkapital, ihre Unterkapitalisierung hat demgemäß auch keine Folgen, sofern hiermit keine strafbaren Zwecke (z.B. Betrug) verfolgt werden. Sie kann auf der anderen Seite kein Geld an Kapitalmärkten aufnehmen, dies ist der „PLC" (Public Limited Company) vorbehalten, die wesentlich strikteren Regeln unterliegt.[71]

Sieht die Satzung gleichwohl ein freiwilliges Mindest-Stammkapital vor, muss dieses nicht sofort aufgebracht werden.[72] Neben der Bar- ist auch in England die Sacheinlage möglich,[73] wobei anders als in Deutschland eine Bewertung der Sacheinlagen nicht erforderlich ist.[74] Eine Sachgründung ist also wesentlich einfacher als hierzulande.

Im Gegenzug zu dieser Freizügigkeit in Fragen der Kapitalausstattung und Erhaltung unterliegt die Limited aber viel-

---

[71] Sec. 118 ff. CA

[72] Art. 6/12 Table A

[73] Sec. 99 ff CA

[74] Sec. 103 CA

fältigen Offenlegungspflichten. Kapitalherabsetzungen oder Gewinnausschüttungen unterliegen der gerichtlichen Kontrolle in Großbritannien und sind nur zulässig, wenn keine Gläubigerinteressen gefährdet sind.[75]

2.4. Residenzpflicht, Zustelladresse

Die Limited kennt keine Residenzpflicht in England und Wales. Es genügt, der englischen Finanzverwaltung den Wegzug der Gesellschaft in ein anderes Land der EU anzuzeigen.[76]

Hiervon unbeschadet bleibt jedoch die Pflicht, eine Zustelladresse in England oder Wales zu unterhalten. Letztere muss aber nicht über den berühmten „Briefkasten" hinausgehen, es genügt vollkommen, durch entsprechende Organisation (z.B. durch Absprachen mit einem Büroserviceanbieter) sicherzustellen, dass eingehende Behördenpost an den tatsächlichen Verwaltungssitz nachgesandt wird. Auch das Companies House akzeptiert diese Regelung, sie kann

---

[75] siehe Ziff. 2.5 in diesem Kapitel

[76] Ebert/Levedag, GmbHR 2003 S. 1338 ff, Lührsen, Limited oder GmbH, S. 22 ff.

daher in aller Offenheit erfolgern. Dem „Briefkasten" haftet hier also ausnahmsweise einmal nichts Anrüchiges an.

Vor dem geschilderten Hintergrund, dass die Person des „Secretary" in aller Regel einer englischen berufsständischen Vereinigung angehören muss,[77] hat es sich als praktikabel erwiesen, das „registered office" bei dieser Person anzusiedeln. In der Tat offeriert heutzutage so gut wie jede englische Anwaltskanzlei derartige Dienste.

Diese ungewöhnlich liberale Regelung ist zweifellos entscheidend für den Erfolg der Limited auf Auslandsmärkten, da hierdurch die Notwendigkeit entfällt, den Verwaltungssitz in der Heimat zu belassen, sie entbindet die Limited aber nicht von der Pflicht, weiterhin auch in England Steuererklärungen abzugeben.[78]

2.5. Gewinnausschüttungen

Gewinne darf die Limited nur ausschütten, wenn solche in der nach englischem Recht erstellten Bilanz erzielt wurden,

---

[77] s.o. Ziff. 2.2.3, Sec. 286 CA

[78] siehe Ziff. 2.6

und zwar unter Berücksichtigung etwaig aufgelaufener Verlust- oder Gewinnvorträge aus den Vorjahren.[79] Nicht realisierte Gewinne oder solche, die sich noch nicht in der Bilanz niedergeschlagen haben, dürfen hingegen nicht ausgeschüttet werden, sondern bilden eine Rückstellung.[80] Diese strikten Regelungen, bei deren Verstoß die gerichtlich durchsetzbare Rückzahlungsverpflichtung droht, sind Gegenstück der bereits gesetzlich angelegten Unterkapitalisierung der Limited und werden von den englischen Gerichten relativ stringent überwacht, wobei unerheblich ist, wo die Limited residiert.[81]

2.6. Steuerpflicht, Rechnungslegung

Die Limited ist unabhängig davon, ob sie ihren Verwaltungssitz ins Ausland verlegt hat, nach den englischen Vorschriften zur Buchführung und zur Bilanzerstellung (in englischer Sprache und nach englischen Regeln!) verpflichtet,

---

[79] Sec. 88 f Anh. 4 zum CA

[80] Sec. 18 Anh. 4 zum CA

[81] Einzelheiten bei Markert: Rechnungslegung der Limited für deutsche Kaufleute, ISBN 978-3-86741-161-5

sie muss diese prüfen lassen und beim Register einreichen.[82] Auch der hierfür erforderliche Aufwand (ohne englischen Steuerberater läuft in aller Regel nichts) muss einkalkuliert werden.

Wer seiner Pflicht zur Einreichung der Bilanz binnen 28 Tagen nicht nachkommt, unterliegt einem automatischen Bußgeld in einer Bandbreite von 100-1.000 GBP; darüber hinaus wird dieses Versäumnis sogar als Straftat gewertet. Diese Pflichten sollten daher nicht auf die leichte Schulter genommen werden, zumal ein hiergegen wiederholt verstoßendes Organ der Limited schnell von seinem Amt enthoben wird und in der für jedermann zugänglichen „schwarzen Liste" für ungeeignete Personen auftaucht.[83] Dass derjenige anschließend auch nicht mehr als Organ einer anderen Limited auftreten kann, bedarf keiner Erläuterung.

---

[82] Sec. 221 ff CA

[83] zugänglich über *www. companies-house.gov.uk*

2.7. Beendigung, Zwangslöschung, Auswirkung auf inländisches Vermögen

Im Regelfall wird die Limited durch entsprechenden Gesellschafterbeschluss aufgelöst, insoweit unterscheidet sie sich nicht wesentlich von der GmbH.

Praxisprobleme treten jedoch auf, wenn z.B. eine englische Limited mit Verwaltungssitz in Deutschland ihre Rechtsfähigkeit verliert, sei es, weil für sie nicht rechtzeitig Bilanzen hinterlegt wurden, sei es aus anderen Gründen.

Das ist insbesondere dann ein Problem, wenn die Gesellschaft über Vermögen in Deutschland verfügt. Dieses wäre dann herrenlos und jedermann könnte es sich durch schlichte Inbesitznahme aneignen.[84] Nun könnte man argumentieren, dann müsse der Gesellschafter der gescheiterten Limited es sich eben als erster aneignen, was ihm leicht fallen sollte, da er regelmäßig den unmittelbaren Besitz ausübt. Das freilich funktioniert nur bei beweglichen Gütern, sobald Immobilien betroffen sind, gilt hingegen § 828 Abs. 2 BGB: Danach steht dem Bund das alleinige Aneignungsrecht zu! Übt er dieses aus, wird er ohne

---

[84] Vgl. §§ 958 ff BGB

Gegenleistung Eigentümer der Immobilie. Wer also mit seiner Limited im Inland Immobilien erwirbt, muss unbedingt darauf achten, allen Vorschriften zur Führung der Limited in England zu entsprechen.

3. Andere ausländische Gesellschaftsformen

Andere Rechtsordnungen (zuletzt auch demnächst Deutschland) ziehen der englischen Entwicklung im modernen Gesellschaftsrecht nach. Kapitalgesellschaften werden auch vom Gesetzgeber mehr und mehr als Exportgut bzw. Investitionsanreiz gesehen. Immerhin hat sich die EU-Kommission bereits 1997 in einer Empfehlung dafür ausgesprochen, Maßnahmen zur Verbesserung des rechtlichen Rahmens zur Förderung der unternehmerischen Tätigkeit mittels einer einfacheren und billigeren Gesellschaftsgründung und der Vereinfachung der Handelsregistereintragung vorzunehmen.[85]

---

[85] Empfehlung 97/344/EG der Kommission vom 22.4.1997 zur Verbesserung und Vereinfachung des Umfelds von Unternehmensgründungen

So hat Frankreich bereits 2003 das Gesetz über die „Blitz-S.A.R.L." verabschiedet, die binnen 24 Stunden gegründet werden kann.[86] Die Mindestkapitalhöhe darf in Zukunft von den Gesellschaftern ab einer Größe von 1 € frei bestimmt werden und es sind verschiedene Erleichterungen für die Gründungsformalitäten, den Sitz und die Darlehensaufnahme gesetzlich geregelt. Allerdings verlangt auch die „Blitz-S.A.R.L." einen französischen Inlandssitz und ist daher für die hier untersuchten Zwecke nicht so gut geeignet wie die Limited.

Auch Spanien hat reagiert und eine eigene Form der Blitz-GmbH, hier „SLNE" (Sociedad Limitada Nueva Empresa) genannt, ins Leben gerufen.[87] Gründungsdauer (48 Stunden), Mindestkapital (3.012,00 €), Gesellschafterkreis (nur natürliche Personen, keine juristischen Personen) und andere Dinge weichen leicht von anderen modernen kapitallosen juristischen Personen ab, im Grundsatz gilt hier jedoch ebenso wie für die S.A.R.L.: Für die hier untersuchten Zwecke eignet sich die SLNE weniger als die Limited, da die SLNE immer in Spanien beheimatet sein muss.

---

[86] Loi Nr. 2003-721 vom 01.08.2003, vgl.: Becker, GmbHR 2003 S. 1120
[87] Einzelheiten bei Vietz, GmbHR 2003, 26 ff

Gleiches gilt für die verschiedenen „GmbHs" z.B. in den baltischen Staaten, die im Zuge des Beitritts zur EU sukzessive von deren Freizügigkeitsregeln profitieren werden.[88]

Für die juristischen Personen dieser Provenienz spricht, dass sie sich ebenso wie die ihnen zugrunde liegenden Rechtsordnungen durchaus eng an das deutsche Recht anlehnen, jedenfalls deutlich enger, als dies bei der Limited der Fall ist, dennoch kommt zu dem Gebot der Heimat-Domizilierung erschwerend die exotische Sprache und die erst kurze und damit wenig rechtssichere Praxis dieser Länder mit kapitalistischen juristischen Personen hinzu.

Das gilt zwar nicht für die Europäische AG, dennoch eignet sie sich meist nicht für die hier diskutierten Zwecke. Diese „Société Européenne" ist eine zwar seit Jahren existente, gleichwohl weitgehend unbekannte Gesellschaftsform, die immer zur Voraussetzung hat, dass ihre Gesellschafter aus mindestens zwei unterschiedlichen Mitgliedsstaaten der EU kommen. Das wird bei dem hier untersuchten Szenario kaum der Fall sein; außerdem sind Gründungs- und Be-

---

[88] Übersicht bei Driesen, GmbHR 2003, S. 342 ff

triebsaufwand der „S.E." außerordentlich hoch, so dass sie hier nicht weiter untersucht werden soll.

Wer als kleiner oder mittelständischer Unternehmer in Deutschland nach einer ausländischen Alternative zur GmbH sucht, kommt auch zukünftig an der Limited kaum vorbei.

VI.	Die Limited im Auslandseinsatz

Wie kann die ausländische Gesellschaft, bevorzugt unsere Limited, deren Gründung so rasch, preiswert und einfach über die Bühne ging, nun in Deutschland tätig werden? Welche Hindernisse gibt es? Was gilt es zu beachten? Was für eine Rolle spielt der Umstand, dass die Limited in eine ganz andere Rechtsordnung als der unseren eingebettet ist und bleibt?

1. Zulässigkeit in Deutschland

Die Limited kann, wie bereits dargestellt, vom uneingeschränkten Recht der Niederlassungsfreiheit Gebrauch machen.[89] Damit ist jede in ihrem Heimatland korrekt gegründete und den dortigen Vorschriften entsprechende Gesellschaft berechtigt, in Deutschland eine Zweigniederlassung zu eröffnen oder ihren Verwaltungssitz hierher zu verlegen. Die Tätigkeit der wirksam gegründeten und alle Vorschriften ihres Heimatlandes einhaltenden Limited in Deutsch-

---

[89] EuGH Urt. v. 30.09.2003 Rs C-167/01 (*Inspire Art Ltd*) und EuGH v. 05.11.2002 Rs C-208/00 (*Überseering*)

land steht mithin außer Frage, ebenso wie ihre uneinge-schränkte Rechtsfähigkeit im Inland.[90]

Selbst ein allgemeiner Umgehungs- oder Missbrauchsge-danke („*die Rechtsform der Limited wurde ja nur gewählt, um den anspruchsvollen deutschen Regeln zur Kapitalaus-stattung von Gesellschaften zu entfliehen*") führt zu keinem anderen Ergebnis, denn der eherne Grundsatz des freien Warenverkehrs und der Niederlassungsfreiheit in der EU darf nicht durch nationale Vorschriften willkürlich behindert werden.[91] Verbraucher und Geschäftspartner sind durch den warnenden Zusatz Limited hinreichend gewarnt und auch die GmbH genießt im Wirtschaftsleben mittlerweile nur noch ein geringes Vertrauen. Man umgeht mit der Limited allenfalls die strengen Gründungsvorschriften deutscher GmbHs, nicht jedoch irgendwelche zwingenden Grundsätze des Gläubigerschutzes. Ein allgemeingültiger Rechtsgrund-satz, wonach Kapitalgesellschaften grundsätzlich mit Kapital ausgestattet sein müssen, existiert nicht.

---

[90] so auch zuletzt: BGH GmbHR 2003, S. 956 für eine luxemburgische Kapitalgesellschaft

[91] EuGH Urt. v. 30.09.2003 Rs C-167/01 (*Inspire Art Ltd*)

2. Gestaltung der Auslandstätigkeit

Die Limited kann auf verschiedene Weise in Deutschland tätig werden.

So kann sie ihren Verwaltungssitz in der Heimat behalten und hier lediglich eine Niederlassung gründen, sie kann als Gesellschafterin eines anderen (inländischen) Unternehmens fungieren (etwa der „Ltd" & Co. KG anstelle der bekannten GmbH & Co. KG) und sie kann – wie geschildert – nach Deutschland zuziehen, also ihren Verwaltungssitz vollständig hierher verlegen.

Die erste Variante ist nicht neu, Zweigniederlassungen ausländischer Unternehmen sind seit jeher zulässig, unterliegen aber im Inland strengen Kontrollvorschriften z.B. in Bezug auf die Rechnungslegung.[92]

Variante zwei ist ebenfalls nicht neu; dass ausländische Unternehmen und damit auch die Limited Gesellschafter einer deutschen Gesellschaft sein können, ist seit langem unbestritten. Eine GmbH mit einer Limited als alleinigem Gesellschafter war – und ist – ebenso denkbar wie eine „Ltd. & Co. KG". Durch die Möglichkeit der Wahl eines in-

---

[92] vgl. Ziff 5 in diesem Kapitel

ländischen Sitzes für eine Limited ergeben sich auch hier faktische (nicht aber rechtliche) Erleichterungen. Die „Ltd. & Co. KG" kann zur Gänze im Inland an einem Ort verwaltet werden (mit Ausnahme des „registered office").[93]

Variante drei ist daher auch die wirkliche Revolution: Die nach Deutschland zugezogene Limited mit inländischem Geschäftsbetrieb.

3. Kaufmannseigenschaft der Limited

Die Frage, ob einer Limited bzw. deren inländischer Zweigniederlassung die deutsche Kaufmannseigenschaft nach dem Handelsgesetzbuch zukommt, ist in vielfältiger Hinsicht von Bedeutung. Dann müsste sie im Handelsregister eingetragen werden, eine Firma nach deutschen Grundsätzen führen und wäre den strengen Vorschriften über Rechnungslegung, Publizität und Abschlussprüfung unterlegen. Sie würde damit in vielerlei Hinsicht im Organisationsaufwand der ungeliebten GmbH angeglichen und zusätzlichen Einschränkungen unterliegen.

---

[93] vgl. IV 2.2.3 und 2.4

Nach dem Handelsgesetzbuch sind Handelsgesellschaften (wie die GmbH) unabhängig von ihrem Geschäftsbetrieb immer Kaufleute, und zwar bereits kraft Rechtsform.[94] Einen Unterschied zwischen inländischen und ausländischen Handelsgesellschaften trifft das HGB nicht. Gilt dieser Grundsatz daher auch für die Limited?

Die Limited gleicht der deutschen GmbH strukturell, der Gesetzgeber hat mit ihrer Einführung in England im Wesentlichen die gleichen Zwecke verfolgt wie der deutsche Gesetzgeber mit der GmbH: Die Schaffung einer juristischen Person für Kaufleute mit einem kleinen oder mittleren Unternehmen. Die Limited wird nicht umsonst vielfach umgangssprachlich treffend, aber in der Sache falsch „England-GmbH" genannt.

Es spricht daher viel dafür, dass auch die Limited bereits aus Gründen der Rechtsform Kaufmann ist. Hierbei spielen das Heimatland und die Tatsache, dass der Gründung der Limited kein deutsches Recht zugrunde liegt, keine Rolle, da § 6 HGB wie dargestellt gleichermaßen inländische wie ausländische Handelsgesellschaften erfasst, sofern sie sich

---

[94] § 6 Abs. 1 HGB; BayObLG GmbHR 1986, S. 305

im Inland kaufmännisch niedergelassen haben.[95] Der Limited kommt also die Kaufmannseigenschaft kraft Rechtsform zu, sofern sie im Inland tätig ist.

Darüber hinaus ist sie natürlich unabhängig von der Rechtsform auch Kaufmann, wenn sie ein Handelsgewerbe im Sinne von § 1 HGB betreibt, es sei denn, der Betrieb des Unternehmens erfordert ausnahmsweise keinen in kaufmännischer Weise eingerichteten Gewerbebetrieb.[96]

Die Limited ist also allen Pflichten des HGB für Kaufleute unterworfen, sie muss z.B. beim örtlichen Handelsregister angemeldet werden (das gilt auch für spätere Änderungen z.B. der Satzung) und ist zur kaufmännischen Buchführung und zur Aufstellung des Jahresabschlusses nebst dessen Einreichung beim Register und der Bekanntmachung verpflichtet. Hier gilt dasselbe wie für die GmbH, die zugezogene Limited kann aufgrund ihrer ausländischen Herkunft kein Schlupfloch in Anspruch nehmen. Ihr Verwaltungsaufwand unterscheidet sich in diesem Aspekt nicht von dem einer GmbH.

---

[95] OLG Düsseldorf NJW-RR 1995, 1184

[96] § 1 Abs. 2 HGB

Darüber hinaus unterliegt die Limited natürlich auch noch der Pflicht zur Rechnungslegung nach den Vorschriften ihres Heimatlandes. Diese entfällt nicht etwa wegen des Wegzugs der Limited aus England.[97] Insoweit unterliegt sie also einer doppelten Verpflichtung, die zu erfüllen aufwendig ist, da die Grundsätze zur Bilanzierung in England und Deutschland unterschiedlich sind, man also die Bilanz nicht einfach auf den Kopierer legen (und anschließend zum Übersetzer bringen!) kann.

Dieser doppelte Aufwand ist ein elementarer Nachteil der Limited im Auslandseinsatz.

4. Die Firma der zugezogenen Limited

Das Handelsregister unterzieht die zugezogene Limited als „deutschen Kaufmann" ebenso wie eine Zweigniederlassung einer Prüfung nach deutschem Firmenrecht, nämlich, ob die Firma (der Handelsname) wahr und verwechselungssicher ist.[98] Die Firmierung der Limited darf grundsätzlich auch in

---

[97] Andernfalls ließe sich z.B. gar nicht ermitteln, ob die "Ltd" Gewinne ausschütten darf (Kapitel V Ziff. 2.5)

[98] vgl. §§ 17 ff HGB (a.A.: Geyrhalter/Gänßler NZG 2003, 412

einer fremden Sprache gehalten sein, sofern das Publikum diese üblicherweise versteht,[99] was bei der englischen Sprache durchaus der Fall sein dürfte. Der Zusatz Limited muss immer angefügt werden.[100]

Die besonderen deutschen Vorschriften für die Gestaltung von Briefbögen der GmbH und AG (§§ 35a GmbHG und § 80 AktG) gelten allerdings nicht entsprechend für die Limited.

Die Limited kann nach englischem Recht auch eine deutschsprachige Firmenbezeichnung tragen (z.B. „Gebrauchtwagenhandel Max Mueller Ltd"), was ihren Einsatz in Deutschland naturgemäß erheblich erleichtert, insbesondere in Bezug auf die Ltd & Co KG, bei der – ähnlich wie bei der GmbH & Co KG – die Firma der KG von der Firma der Komplementärin, also der GmbH, abgeleitet wird.

---

[99] OLG Hamm WRP 91, S. 498

[100] Sec. 25 CA, Anh. VII 4

5. Zweigniederlassungen

Das Handelsgesetzbuch schreibt vor, dass ausländische Kapitalgesellschaften ihre inländischen Zweigniederlassungen als solche in das deutsche Handelsregister am Ort der Zweigniederlassung einzutragen haben, darüber hinaus müssen zwingend die Unterlagen der Rechnungslegung (die nach dem Heimatrecht der Gesellschaft zu erstellen sind) hinterlegt und bekannt gemacht werden.[101] Die deutsche Zweigniederlassung einer in England ansässigen Limited unterliegt unzweifelhaft dieser – ebenso unangenehmen wie aufwändigen – Verpflichtung.

Für die zugezogene Limited gilt dies jedoch nicht, da die genannten Vorschriften des HGB Ausfluss der sog. „Zweigniederlassungsrichtlinie"[102] sind, die auf Sitzverlegungen nicht anwendbar ist und da auch der Wortlaut der genannten Vorschriften nicht passt.[103] Ein Umzug ist eben gerade nicht die Gründung einer Zweigniederlassung.

---

[101] §§ 13d – 13g HGB

[102] Richtlinie 89/666/EWG

[103] Ebert/Levedag, GmbHR 2003 S. 1338

Auch europarechtlich unterscheidet der EG-Vertrag zwischen der primären Niederlassungsfreiheit (hierunter fällt unsere zugezogene Limited) und der sekundären Niederlassungsfreiheit (hierunter fällt die Gründung einer ausländischen Zweigniederlassung), so dass man davon ausgehen kann, dass die zugezogene Limited von diesen besonderen Erfordernissen befreit ist.

6. Durchgriffshaftung bei der Limited

Es wurde bereits dargestellt, dass ein entscheidender Gesichtspunkt für die Wahl juristischer Personen die Haftungsbegrenzung auf das Gesellschaftsvermögen ist. Auf der anderen Seite kennt jede Rechtsordnung die Durchbrechung dieses Grundsatzes, wie dies etwa bei der GmbH im Falle der gesetzwidrigen Unterkapitalisierung der Fall ist.[104] Gilt diese deutsche Rechtsprechung auch für die zugezogene Limited? Wie sieht es überhaupt im Innenverhältnis unserer Limited aus, also im Verhältnis zwischen Gesellschaftern, Geschäftsführern und anderen Organen? Wer haftet wem wofür persönlich, wenn Fehler passieren?

---

[104] vgl. Kapitel IV 5 und den folgenden Text

Nun mag man auf den ersten Blick dem Irrtum erliegen, dies spiele bei einer kleinen Gesellschaft mit nur einem Gesellschafter, der auch gleichzeitig deren alleiniger Geschäftsführer ist, keine Rolle. Doch spätestens, wenn ein unbefriedigter Gläubiger der Limited (und sei es das Finanzamt) das Angstwort „Durchgriffshaftung" in den Mund nimmt, wird diese Frage aktuell.

Das Innenverhältnis richtet sich auch bei der zugezogenen Limited ausschließlich nach englischem Recht. Die uns bekannten Regeln des deutschen Gesellschaftsrechts finden keine Anwendung, auch nicht auf den Fall der zugezogenen Limited mit ausschließlichem Verwaltungssitz im Inland. Die Limited hat ihre Rechtsfähigkeit aufgrund eines englischen Hoheitsaktes erhalten, ihre innere Verfassung richtet sich damit auch allein und ausschließlich nach diesem Recht.[105]

Dies kompliziert die Lage naturgemäß. Ein deutscher Rechtsanwalt etwa kann bereits aus haftpflichtrechtlichen Gründen zu diesen Fragen des englischen Rechts kaum eine verbindliche Auskunft erteilen. Englisches Recht hat er

---

[105] Kindler, Münchner Komm. Int. GesR Rz 412

nicht studiert. Dessen Rechtssystematik unterscheidet sich auch grundlegend von der unseren. Hinzu kommt, dass das englische Recht traditionell vom Richterrecht lebt, geschriebene Gesetze also die Ausnahme sind. Dies verstärkt die Unsicherheit, da Urteile noch mehr als Gesetze der kompetenten Auslegung durch erfahrene Juristen bedürfen.

An diesem Punkt offenbart sich ein ganz wesentlicher Nachteil der Limited im Auslandseinsatz. Sie operiert in einer Rechtsordnung, für die sie nicht gemacht wurde. Schlimmer noch: Weder Eigentümer noch Geschäftspartner sind mit diesen „Heimatregeln" der Limited vertraut, was zu großer Verunsicherung bei allen Beteiligten führt. Wer das deutsche Recht der Durchgriffshaftung kennt, weiß, wie schwer es fassbar und für den Laien praktisch umsetzbar ist. Auch das englische Recht ist hier wenig konkret, es haben sich jedoch durch Richterecht einige Fallgruppen herausgebildet, in denen der Schutz der Gesellschaft vor persönlicher Inanspruchnahme durchbrochen wird. Dies sind:

6.1. Flucht in die Limited

Das englische Recht kennt einige Fallgruppen der Durchgriffshaftung, von der die der „Flucht in die juristische Person" („Agency") die bedeutendste ist.[106] Hier haftet der Hintermann persönlich für Geschäfte seiner Limited, wenn er diese nur vorgeschoben hat, um zielgerichtet einer persönlichen Verpflichtung zu entkommen. In Deutschland kennen wir ähnliches unter dem Stichwort der missbräuchlichen Verwendung der Rechtsform einer GmbH,[107] die freilich immer auch eine Komponente der vorsätzlichen Gläubigerschädigung aufweisen muss.[108]

Eine solche Durchgriffshaftung greift aber auch nach englischem Recht nicht ein, wenn z.B. nur ein schlichter Fall einer Treuhand vorliegt, also sich ein Gesellschafter einfach nur nicht zu erkennen geben möchte, oder der Einsatz einer Limited bereits aus anderen Gründen (z.B. der Haftungsbeschränkung) sachgerecht ist. Hinzukommen muss ein Hinwegsetzen über eine konkrete, bei Gründung oder Verwendung der Limited bekannte persönliche Verpflichtung (z.B. eine Unterhaltsverpflichtung), derer man sich auf diese Weise entledigen möchte. Unklar ist hierbei, wie konkret die Verbindlichkeit sein muss. Wer etwa hohe Schulden

---

[106] vgl. Ebert/Levedag, GmbHR 2003, S. 1340

[107] Altmeppen in Roth/Altmeppen, GmbHG, Anh. 13

[108] BGHZ 90, 381 m.w.N.

hat und fortan seine neuen Geschäfte über eine Limited abwickelt, um seine zukünftigen Profite auf diese Weise vor den Altgläubigern abzuschirmen, dürfte alleine aus diesem Grund wohl noch keiner Durchgriffshaftung nach englischem Recht unterliegen. Auch wer als Einzelkaufmann Verbindlichkeiten begründet hat und fortan seine Geschäfte über eine von seinem Vermögen (und seinen Schulden) isolierte Limited führt, dürfte aus diesem Grund alleine auch noch nicht der Durchgriffshaftung unterliegen, da die Verwendung der juristischen Person für kaufmännische Zwecke in aller Regel sachgerecht ist. Erst wenn eine subjektive Komponente hinzukommt (die Limited wird primär genutzt, um den Verbindlichkeiten zu entgehen und nicht, um normal kaufmännisch tätig zu werden), dürfte auch nach englischem Recht ein Fall der Durchgriffshaftung vorliegen. Freilich wird man dieses subjektive Element häufig nur schwer beweisen können.

6.2. Unterkapitalisierung

Das deutsche Recht kennt – als Ausfluss unserer strengen Kapitalisierungsvorschriften – eine Reihe von Tatbeständen, wonach Gesellschafter einer Kapitalgesellschaft systemwidrig – entgegen der Regelung in § 13 Abs. 2 GmbHG - persönlich für deren Verbindlichkeiten haften. Diese vieldiskutierten von der Rechtsprechung entwickelten Fallgruppen werden unter dem Begriff „Durchgriffshaftung" bzw. „Haftungsdurchgriff" zusammengefasst.[109] Die Grenzen der Durchgriffshaftung sind oftmals unklar, da es sich um reines Richterrecht handelt, dessen Entwicklung nicht abgeschlossen ist. Ob allein die materielle Unterkapitalisierung einer GmbH ausreicht, um eine Durchgriffshaftung zu begründen, wird kontrovers diskutiert. Vielfach wird vertreten, dass eine eindeutig und klar erkennbar unzureichende Eigenkapitalausstattung der Gesellschaft, die einen Misserfolg zulasten der Gläubiger bei normalem Geschäftsverlauf mit hoher Wahrscheinlichkeit erwarten lässt, alleine ausreicht, um eine Durchgriffshaftung in das Privatvermögen des Gesellschafters zu rechtfertigen.[110] Die zivilrechtliche Rechtsprechung verlangt freilich auch hier eine subjektive Komponente, wonach eine zielgerichtete sittenwidrige Gläubigerbenachteiligung im Sinne von § 826 BGB gewollt

---

[109] lehrreich: Altmeppen in Roth/Altmeppen, GmbHG, Anh. 13
[110] Hachenburg/Ulmer, GmbHG, Anh. § 30 Rz. 55 m.w.N.

sein muss,[111] die allerdings oftmals von den Gerichten aufgrund der krassen Unterkapitalisierung vermutet wird.

In England stellt sich das Problem in dieser Form nicht, denn wo kein gesetzlicher Kapitalzwang besteht, kann gegen einen solchen auch nicht verstoßen werden. Deshalb leitet das englische Recht selbst aus dem Umstand, dass die Kapitalausstattung einer Limited in offensichtlichem und krassem Gegensatz zu ihrem Zweck steht, alleine auch noch keine Durchgriffshaftung her.[112] Die Grenze zur Durchgriffshaftung wird hier erst wieder durchbrochen, wenn der Gründung der Gesellschaft betrügerische Absicht oder andere strafrechtlich relevante Tatbestände zugrunde liegen,[113] die kapitallose Limited also zielgerichtet eingesetzt wird, etwa um Geld von Anlegern zu sammeln und anschließend zu veruntreuen.

Das strengere deutsche Recht ist in diesem Punkt auch auf die zugezogene Limited nicht anwendbar. Zwar hält der Bundesgerichtshof unter dem Stichwort der „Haftung für einen existenzvernichtenden Eingriff" auch die (deutsche)

---

[111] BGH NJW-RR 88, 1181

[112] vgl. Ebert/Levedag, GmbHR 2003, S. 1340

[113] vgl. Ebert/Levedag, GmbHR 2003, S. 1340

Durchgriffshaftung für ausländische Gesellschaftsformen wegen krasser Unterkapitalisierung für möglich,[114] jedoch nur, wenn das jeweilige Heimatrecht der ausländischen Gesellschaft keine Regeln für eine Durchgriffshaftung kennt. Da in England und Wales solche Regeln grundsätzlich existieren – die freilich erst an einer höheren Schwelle eingreifen[115] – ist diese Rechtsprechung auf die Limited nicht entsprechend anwendbar.[116]

Es bleibt also dabei: Jenseits extremer Sachverhalte bleibt die Unterkapitalisierung der Limited ohne Sanktion.

6.3. Missbrauch der Rechtsform

Dass darüber hinaus eine Durchgriffshaftung auch nach englischem Recht stattfindet, wenn die Limited z.B. gezielt zu betrügerischen Zwecken gegründet wird, ist selbstverständlich. Rechtsordnungen, die einerseits für Rechtssicherheit sorgen und auf der anderen Seite Straftaten zulassen,

---

[114] BGH GmbHR 2002, S. 902

[115] z.B. Sec. 213 ff. Insolvency Act im Fall der Insolvenz

[116] vgl. Meilicke, GmbHR 2003, S. 799

gibt es nicht. Das gilt selbst für exotische Steuerparadiese in Übersee.

6.4. Vermögensvermischung

Nach deutschem Recht haftet ein Gesellschafter für Verbindlichkeiten seiner GmbH, wenn er keine klaren Grenzen zwischen seinem Privatvermögen und dem der GmbH zieht (Fallgruppe der sog. „Vermögensvermischung").[117] Die Vermögen müssen „ununterscheidbar" vermischt sein,[118] wobei bereits eine undurchsichtige oder unklare Buchführung bei der GmbH genügt.[119] Auch dieser Tatbestand hat eine subjektive Komponente, der Gesellschafter muss diese Vermögensvermischung veranlasst, mindestens jedoch zugelassen haben.

Im englischen Recht ist, soweit ersichtlich, diese Variante der Durchgriffshaftung noch nicht diskutiert worden, wohl auch deshalb, weil ohnehin eine unbedingte Schadenersatzverpflichtung besteht, wenn Vermögen der Limited

---

[117] grundlegend: BGHZ 31, 270; 125, 366
[118] BGH NJW 85, 637
[119] BGH NJW 94, 1801

verschoben wurde oder gegen die Prinzipien der Offenlegung von Geschäften zwischen der Gesellschaft und ihren Geschäftsführern oder Gesellschaftern verstoßen wurde.[120] Wird Vermögen vermischt, liegt dieser Tatbestand ohnehin immer vor. Im Übrigen verbietet der Companies Act u.a. Darlehen der Gesellschaft an seine Geschäftsführer oder deren Familien;[121] ein Verstoß hiergegen würde unmittelbar deren persönliche Haftung zur Folge haben.

7. Geschäftsführerhaftung

Die Haftung des Geschäftsführers der Limited gegenüber richtet sich ebenfalls nach englischem Recht.[122] Hierbei bleibt es auch nach dem Zuzug der Limited nach Deutschland.[123] Diese Geschäftsführerhaftung darf im Übrigen nicht mit der eben erörterten Durchgriffshaftung verwechselt werden. Hier geht es um die persönliche Haftung des Ge-

---

[120] siehe Ziff. V 2.1

[121] Sec. 320 pp. CA, Anh. VII 4

[122] zu den Geschäftsführerpflichten siehe Kap. V Ziff. 2.2.2

[123] vgl. Ebert/Levedag, GmbHR 2003, S. 1340

schäftsführers im Rahmen seines Tätigwerdens für die Gesellschaft.

Der Geschäftsführer („Director") einer Limited haftet nach englischem Recht ganz allgemein für Schäden, die aus der Nichtbeachtung seiner gesetzlichen oder vertraglichen Pflichten resultieren.[124] Dritten gegenüber haftet er auch, wenn er nicht eindeutig erkennen lässt, dass er als Geschäftsführer der Limited auftritt, oder wenn er eine Straftat zum Nachteil des Dritten begeht.[125]

In Großbritannien ausgesprochene Berufsverbote strahlen zwar nicht nach Deutschland aus, die damit regelmäßig einhergehende Amtsenthebung entfaltet demgegenüber naturgemäß auch hierzulande Wirkung, da sie absoluten Charakter hat und gegenüber jedermann und überall wirkt. Es ist allerdings im Zuge der Vereinheitlichung der Regelungen für Handelsunternehmen in der Europäischen Union geplant, die grenzüberschreitende Geltung derartiger Berufsverbote gesetzlich festzuschreiben. Derzeit ist dies aber noch nicht der Fall und es darf füglich bezweifelt werden,

---

[124] Lührsen: GmbH oder Limited, S. 76

[125] Lührsen, ebenda (S. 76)

ob eine solche Regelung angesichts rechtsstaatlicher Bedenken rasch und vor allem wirksam zustande kommen wird.

8. Insolvenz

Gerät eine zugezogene Limited hierzulande in Insolvenz, wird ein Insolvenzverfahren in Deutschland nach deutschen Regeln abgewickelt, sofern die Limited den Mittelpunkt ihrer hauptsächlichen Interessen in Deutschland hat.[126] Die Strafvorschrift der Insolvenzverschleppung (§ 283 StGB) gilt ebenfalls uneingeschränkt für die Insolvenz der Limited in Deutschland.

Allerdings beschränkt sich das Insolvenzverfahren auf das in Deutschland belegene Vermögen; hat die Gesellschaft etwa in Großbritannien weiteres Vermögen, kann dort ein Sekundärinsolvenzverfahren durchgeführt werden. Letzteres ist insofern von Bedeutung, als das englische Insolvenzrecht eine Reihe von weiteren streng normierten Fällen der

---

[126] Art. 3 Abs. 1 EuInsÜ

Durchgriffshaftung auf das Privatvermögen der Gesellschafter kennt.[127]

9. Körperschafts- und Gewerbesteuer

Die zugezogene Limited unterliegt der Körperschaftssteuer in Deutschland, wenn sie ihren Verwaltungssitz oder die Geschäftsleitung im Inland hat.[128] Die lange strittige Frage, ob es sich hierbei um eine „nicht rechtsfähige Personenvereinigung"[129] oder um eine körperschaftssteuerpflichtige Kapitalgesellschaft im Sinne des Körperschaftssteuerrechts handelt, dürfte sich mit dem Richterspruch aus Luxemburg erledigt haben, da der Limited nunmehr auch im Inland unzweifelhaft als juristische Person Rechtsfähigkeit zukommt.[130] Die Limited ist daher im Inland unbeschränkt körperschaftssteuerpflichtig und unterscheidet sich insofern nicht von der GmbH.

---

127 Sec. 214 ff Insolvency Act
128 § 1 KStG

129 BFH BStBl. II 1992, 972

130 EuGH „Überseering" (Fußnote 2)

Daneben unterliegt sie naturgemäß der inländischen Gewerbesteuer. Sofern Steuern in Großbritannien anfallen, kommt die Limited in den Genuss des entsprechenden Doppelbesteuerungsabkommens.

10. Gewinne

Gewinne dürfen bei einer Limited grundsätzlich nach englischem Recht nur ausgeschüttet werden, wenn solche nach einer formalisierten Betrachtungsweise tatsächlich gemacht wurden.[131] Auch hierbei bleibt es nach dem Zuzug.

Das bedeutet, dass

- nur akkumuliert realisierte Gewinne nach Abzug von Ausschüttungen oder Kapitalerhöhungen und

- diese auch erst nach Abzug aller entstandenen und aufgelaufenen Verluste

ausgeschüttet werden dürfen.[132] Gewinne aus schwebenden Geschäften sind generell nicht ausschüttungsfähig und alle zu Unrecht ausgeschütteten Beträge müssen zurückgezahlt

---

[131] siehe Kapitel V Ziff. 2.5; Sec. 263 Abs. 1 CA
[132] Einzelheiten: Lührsen, GmbH oder Limited, S. 87 f.

werden. Diese außerordentlich stringenten und deutlich über das Recht der GmbH hinaus gehenden Beschränkungen[133] können den Unternehmer erheblich in seiner finanziellen Bewegungsfreiheit einschränken.

11. Vertragsrecht

Die zugezogene Limited mit ausschließlichem Verwaltungssitz in Deutschland gilt vertragsrechtlich im Verhältnis zu Dritten als deutsches Unternehmen. Schließt die zugezogene Limited zivilrechtliche Verträge mit deutschen Kunden, so gilt hierfür also, wenn nichts anderes vereinbart wurde, deutsches Recht.

Bei internationalen Verträgen gelten hingegen die dort üblichen Regeln: Zuerst kommt es auf eine ausdrückliche oder stillschweigende Rechtswahlvereinbarung der Parteien an, in zweiter Linie wird der objektive Anknüpfungspunkt durch Auslegung ermittelt.[134] Wenn die Limited ihren alleinigen Verwaltungssitz im Inland hat, so spricht alles dafür, die gleichen Auslegungsregeln anzuwenden wie etwa bei der

---

[133] Vergleich der Regelungen bei Lührsen, GmbH oder Limited, S. 76 ff.
[134] Art. 27 f. EGBGB

Beteiligung einer deutschen GmbH an einem internationalen Vertrag. Behält die Limited hingegen ihren Verwaltungssitz in England, so gelten auch für Verträge mit deutschen Kunden die Regeln für internationale Verträge. Man tut dann gut daran, in diesem Fall eine ausdrückliche Rechtswahlvereinbarung zu treffen.

Im Innenverhältnis der Limited, also im Verhältnis der Gesellschaft zu ihren Gesellschaftern und ihren Organen, gilt hingegen zwingend immer englisches Recht.[135] Deutsches Recht lässt sich auch nicht etwa durch dahingehende Absprachen der Gesellschafter anwenden.

12. Gerichtsstand der zugezogenen Limited

Das relevante Vertragsrecht (also das auf einen konkreten Vertrag anwendbare Recht) sagt allerdings noch nichts darüber aus, wo und vor welchem Gericht hieraus resultierende Ansprüche geltend gemacht werden können.

---

[135] siehe Kapitel VI, Ziff. 6

Grundsätzlich gilt: Der allgemeine Gerichtsstand der zugezogenen Limited befindet sich an ihrem Verwaltungssitz,[136]
also in Deutschland. Unterhält sie hier nur eine Zweigniederlassung, so gilt deren Gerichtsstand.[137] Sondergerichts-
stände (z.B. der Gerichtsstand des Erfüllungsortes oder der
zulässig vereinbarte Gerichtsstand) sind daneben zulässig,
auch die gemeinsame Vereinbarung eines ausländischen
Gerichtsstands, sofern mindestens eine Partei dort ansässig
ist.[138]

Die Zuständigkeit deutscher Gerichte ist dann freilich unglücklich, wenn es bei dem Rechtsstreit um materielles
englisches Recht geht, wie das z.B. bei Fragen, die das Innenverhältnis der Limited betreffen, immer der Fall ist. Das
gilt z.B. bei der Entscheidung, ob ein Fall der Durchgriffshaftung nach englischem Recht vorliegt. Deutsche Gerichte
müssen dann englisches Recht auslegen, was sie fachlich
überfordert. Würden deutsche Rechtsanwälte in solchen
Prozessen vortragen, wäre dies von ihrer Haftpflichtversi-
cherung nicht abgedeckt. Zwar kann das Gericht Rechts-

---

[136] Art. 2 EuGVÜ, §§ 12, 17 ZPO
[137] Art. 5 Nr. 5 EuGVÜ, § 21 ZPO
[138] Art. 17 EuGVÜ

gutachten einholen, das verzögert und verteuert den Prozess jedoch nur noch mehr. Dieses Ergebnis ist für alle Beteiligte höchst unglücklich, zumal eine zugezogene Limited – etwa im Streit mit einem ihrer deutschen Gesellschafter – auch mangels Sitzes in Großbritannien wohl keine Gerichtstandsvereinbarung treffen kann, nach welcher der Streit in England ausgefochten werden kann.[139]

Hier hilft im Innenverhältnis letztlich wohl nur die Vereinbarung eines (teuren) Schiedsverfahrens mit englischen Juristen als Schiedsrichtern. Da im Streitfall erfahrungsgemäß die Bereitschaft zum Abschluss von Verfahrensvereinbarungen nur noch gering ausgeprägt ist, sollte dies unbedingt von vorne herein in der Satzung verankert sein.

Im Außenverhältnis (Dritten gegenüber) entfaltet eine solche generelle Schiedsabrede naturgemäß keine Wirkung. Hier muss man mit dem höchst unbefriedigendem Ergebnis leben, dass deutsche Gerichte unter Umständen englisches Recht sprechen müssen; ein weiterer ganz elementarer Nachteil der zugezogenen Limited, der verdeutlicht, wie

---

[139] Art. 17 EuGVÜ verlangt, dass mindestens eine Partei in dem Wahlstaat ansässig sein muss. Die zugezogene Limited dürfte aber auch im Sinne dieser Vorschrift nicht mehr in England ansässig sein.

problematisch es ist, eine Gesellschaft räumlich aus ihrer angestammten Rechtsordnung zu entfernen.

13. Zwangsvollstreckung gegen die Limited

Die Zwangsvollstreckung aus Titeln in das deutsche Vermögen der Limited – gleich, ob zugezogen oder hier nur niedergelassen – ist auf herkömmliche Weise genau wie gegenüber einer inländischen Körperschaft möglich. Diesbezüglich bestehen keine Besonderheiten. Das gleiche gilt für in England oder Wales ergangene Urteile gegen die Limited, die hier vollstreckt werden sollen.[140]

14. Sonstige Praxisprobleme

Es zu erwarten, dass Geschäftspartner vor einer Limited als Vertragspartnerin eher zurückschrecken werden. Die Limited ist trotz ihrer Verbreitung immer noch exotisch und die Frage, wo man denn seine Ansprüche gegen die Limited durchsetzen müsse, wird mit Sicherheit frühzeitig gestellt werden. Wer z.B. ein Auto bei der „Gebrauchtwagen Muel-

---

[140] Art. 31 Abs. 1 EuGVÜ

ler Ltd." kauft, wird sich weniger geschützt fühlen als der Kunde einer entsprechenden GmbH. Die Wahl der Limited kann sich im Geschäftsverkehr als kontraproduktiv erweisen. Tatsächlich ist zu beobachten, dass sich der Einsatz der Limited in Deutschland auf Bereiche konzentriert, die nicht mit Massengeschäften zu tun haben. Nur so ist erklärbar, dass nach seriösen Schätzungen lediglich weniger als ¼ der „deutschen" Limiteds in hiesigen Handelsregistern eingetragen sind. Dies lässt den Schluss zu, dass diese Gesellschaftsform überwiegend als Holding verwendet wird, wo die beschriebenen Nachteile mangelnder Kundenakzeptanz nicht auftreten.

Banken und die Finanzverwaltung werden sich da etwas leichter tun, erstere, weil sie sich ohnehin auf andere Weise absichern, letztere, weil sie sich mit der Limited als Steuerschuldnerin zwangsläufig abzufinden hat.

VII. Fazit

Das Fazit dieser Betrachtung fällt zwiespältig aus.

Für die Limited spricht ihre einfache, rasche und preiswerte Gründung sowie die Tatsache, dass sie kein Mindestkapital und damit auch keine materielle Unterkapitalisierung kennt.

Auch lassen sich Treuhandverhältnisse (Strohmanngründungen), Anteilsverkäufe oder Satzungsänderungen deutlich einfacher als bei einer GmbH realisieren. Darüber hinaus werden die Fälle der Durchgriffshaftung nach englischem Recht liberaler gehandhabt, das gilt insbesondere für die Durchgriffshaftung bei bewusster Unterkapitalisierung der Gesellschaft.

Dem steht ein hoher Mehraufwand durch den Zwang zu zwei unterschiedlichen Bilanzen und Steuererklärungen gegenüber, der nach ein paar Betriebsjahren die höheren Gründungskosten einer GmbH deutlich übersteigen wird. Gleiches gilt für den Zwang, ein englisches „registered office" vorzuhalten (und zu bezahlen). Hinzu kommen große praktische Probleme z.B. beim Gerichtsstand und der Auslegung englischen Rechts durch deutsche Gerichte. Gewinnausschüttungen sind bei der Limited nur sehr eingeschränkt zulässig. Wesentliche steuerliche oder gar insolvenzrechtliche Vorteile bietet die im Inland tätige Limited nicht und ihre Akzeptanz bei inländischen Kunden ist zweifelhaft. Hinzu kommt die deutliche Liberalisierung des Rechts der GmbH, mit deren Umsetzung wesentliche Argumente, die bislang noch für die Limited sprechen, entfallen sind.

Für wen lohnt sich der Griff zur Limited also?

Für den Schreinermeister Müller und den Autohändler Meier jedenfalls nicht, soviel ist sicher. Die einfachere Gründung wird sehr rasch durch den höheren laufenden Aufwand aufgefressen und Kunden werden mit einer Limited nur ungern Verträge abschließen. Hier wird die Limited schnell zur geschäftlichen Bürde. Überall dort, wo Publikumsverkehr stattfindet, ist sie daher nur wenig geeignet. Dort stellt die Rechtsform der Limited ganz klar eine Bürde dar. Wer die Wahl hat, mit einer GmbH oder einer Limited zu kontrahieren, wird in aller Regel die GmbH als Vertragspartner wählen. Daher wird die Limited die GmbH auch nicht aus ihrem angestammten Bereich verdrängen können.

Hinzu kommt noch, dass die haftungsbeschränkte Unternehmergesellschaft, die gleichfalls als kapitallose juristische Person implementiert wurde, darüber hinaus jedoch den Vorteil der uneingeschränkten Anwendung des deutschen Rechts genießt, jedenfalls im Bereich des Kleingewerbes für die Limited kaum noch Platz lassen wird.

Man muss kein Prophet sein, um vielen der jetzt Hals über Kopf gegründeten „Limiteds" in Deutschland ein rasches und unwürdiges Ende vorherzusagen: Spätestens nach der zweiten „vergessenen" Steuererklärung in England drohen

Zwangslöschung und Bußgelder, das Ende naht mit der Erkenntnis, dass der Betrieb einer Limited im Ausland viel Disziplin und Bereitschaft zur Deckung laufender Kosten verlangt, mit der viele überfordert sind.

Was bleibt dann noch für die Limited in Deutschland?

Wer partout anonym handeln möchte (oder muss), sich also hinter einer Kapitalgesellschaft verstecken möchte, kann im Grunde besser zu einer Offshore-Company aus einem Steuerparadies greifen. Die können hierzulande genauso gut Beteiligungen erwerben und sie bieten den nicht zu unterschätzenden Vorteil, dass sie in ihrer Heimat keine Bilanzen oder Steuererklärungen einzureichen haben. Hier reduziert sich der laufende Verwaltungsaufwand also fast auf null. Gleichwohl braucht man nicht viel Phantasie, um sich den Gesichtsausdruck des deutschen Finanzbeamten auszumalen, wenn man ihm treuherzig erklärt, man wisse nicht, wer sich hinter der Muttergesellschaft auf den Bahamas verberge. Hier kann die englische Limited unter Umständen für etwas mehr Seriosität sorgen, aber angesichts ihrer strengen Publizitätsvorschriften hilft dies auch nicht nachhaltig. Also auch hier bei näherer Betrachtung Fehlanzeige.

Die Limited also gänzlich unbrauchbar in Deutschland?

Nicht unbedingt. Ein Blick über den Ärmelkanal zeigt, dass die Limited in ihrem Mutterland auf wesentlich vielfältigere Weise genutzt wird aus bei uns die GmbH. Dort macht man sich immer wieder ihre Hauptvorteile zunutze: Sie kann schnell gegründet und ebenso schnell wieder liquidiert werden. Die Gründungskosten sind denkbar gering. Die Schwerfälligkeit unserer GmbH geht ihr völlig ab. Deshalb wird in England die Rechtsform der Limited auch immer schon für kurzfristige Vorhaben genutzt. In einem Zeitraum, in dem man bei uns die GmbH gerade zur Eintragung ins Handelsregister gebracht hat, kann man in England ein gutes Dutzend „Limiteds" gründen und liquidieren. Dies hat dazu geführt, dass auch kleinere Unternehmen für einzelne Vorhaben oder auch einzelne (längerfristige) Kundenbeziehungen sich immer wieder verschiedener „Limiteds" bedienen. Dies kann auch ein interessanter Anwendungsbereich für die Limited in Deutschland werden. Ein mittelständischer Bauträger zum Beispiel kann seine verschiedenen Projekte dadurch entzerren (und haftungsrechtlich voneinander abkoppeln), wenn er jedes in eine gesonderte Gesellschaft einbringt. Hierfür bietet sich jetzt eine Limited hervorragend an, da bei kurzer Nutzungsdauer die Vorteile (geringe Anlaufkosten und hohe Flexibilität) die Nachteile (hoher laufender Aufwand) übersteigen. Dies eröffnet auch kleineren Unternehmen völlig neue Perspektiven: warum z.B. sollte ein kleiner Maschinenbauer aus Deutschland nicht einen besonders risikoreichen Auftrag zukünftig über eine eigens hierfür gegründete Limited abwickeln? Oder der Autohändler ein größeres Exportgeschäft? Oder der Dachdecker einen haftungsträchtigen Großauftrag?

Ein weiterer denkbarer Einsatzbereich der zugezogenen Limited ist der einer Organgesellschaft, z.B. in einer „Ltd. & Co. KG". Da Vertragspartner der Kunden die deutsche KG ist, dürfte diese Konstruktion nicht auf die geschilderten Akzeptanzprobleme stoßen. Die Pflicht zur Erstellung doppelter Bilanzen kann hier oftmals erträglich sein, wenn sich die Limited auf reine Holdingfunktionen beschränkt und daher über ein klares und einfaches Rechnungswesen verfügt.

Der Einsatz einer zugezogenen Limited kann weiterhin dann sinnvoll sein, wenn das Unternehmen überwiegend Geschäfte mit Auslandsberührung abwickelt. Dort kann sich die hierzulande zu erwartende Ablehnung der Limited im Geschäftsverkehr genau anders herum auswirken. Die Rechtsform der Limited ist im Ausland wesentlich verbreiteter und damit bekannter als die der GmbH.

Eine weitere durchaus denkbare Nische der Limited ist die der reinen Holding, also einer juristischen Person, deren Tätigkeit sich auf das Halten von Beteiligungen an anderen (in- und ausländischen) Unternehmen beschränkt. Hier besteht nicht das Problem mangelnder Akzeptanz. Auch die „doppelte" Buchführung ist hier in vielen Fällen übersichtlich und damit vertretbar.

Dies sind Nischen, in denen man sich in der Tat eine sinnvolle Nutzung der Limited in Deutschland vorstellen kann. Ein Ersatz für die viel geschmähte GmbH wird sie indes nicht werden; schon gar nicht, wenn es darum geht, im Inland auf traditionelle Weise unternehmerisch tätig zu werden. Dies gilt erst Recht nach Einführung der haftungsbeschränkten Unternehmergesellschaft.

VIII.   Anhänge

Der Vorgang der Gründung und des Betriebs einer Limited ist stark formalisiert. Das verwaltende „Companies House" hält eine Vielzahl von Formblättern bereit, deren Verwendung vorgeschrieben ist. Darüber hinaus existieren verschiedenene Merkblätter zu Gründung, Jahresabschluss und anderen Fragen im Zusammenhang mit einer Limited. Wir sehen an dieser Stelle davon ab, diese Formblätter und Vorlagen hier abzudrucken. Sie können in der jeweils aktuellen Fassung kostenfrei von der Webseite des Companies House herunter geladen werden,[141] spielen aber ohnehin nur dann eine Rolle, wenn der Interessent seine Limited selber gründen möchte, was aus den geschilderten Gründen der absolute Ausnahmefall sein wird.

Wir konzentrieren uns in diesem Anhang auf die Elemente, die nicht ohne weiteres zugänglich sind. Dies ist zunächst eine **Übersetzung des offiziellen Gründungs-Merkblattes ins Deutsche**, das den Interessenten, die nicht täglich mit der englischen Sprache umgehen, einen Eindruck von der amtlichen Sichtweise der Gründung einer Limited vermitteln

---

[141] *www.companies-house.gov.uk*

soll. Außerdem erläutern wir anschließend eine **Mustersatzung einer Limited.** Wer den Text des „Companies Act" in zusammenhängender, redaktionell bearbeiteter Form benötigt, sei auf das entsprechende Werk verwiesen.[142]

---

142   Companies Act (UK), ISBN: 978-3-86741-292-6

1. Übersetzung des Gründungs-Merkblatts[143]

Registrierung neuer Unternehmen [144]

Formalien

- Wenn Sie unsere Formulare ausfüllen oder uns andere Dokumente senden, bedenken Sie bitte, dass wir diese elektronisch scannen. Deswegen bevorzugen wir grundsätzlich die Verwendung schwarzer Maschinenschrift. Ist dies nicht möglich, verwenden Sie nur handschriftliche Großbuchstaben. Benutzen Sie bitte ausschließlich Papier des Formats A4 mit einem Gewicht von 80-100 Gramm. Alle weiteren Erfordernisse sind in unserem „Merkblatt für Geschäftsführer und Sekretäre" enthalten (GBA1[145]).

Firmenname

- Ist der gewünschte Firmenname noch verfügbar?
- Prüfen Sie dies bitte beim Call Center des Companies House (0)870 3333636 bzw. beim Online-Namensregister[146]
- Die Reservierung gewünschter Namen kann nicht erfolgen. Auch können keine Firmen registriert werden, die den gleichen Namen wie bereits eingetragene Firmen führen möchten. Falls Sie einen Namen registrieren, der dem eines existierenden Unternehmens irreführend ähnlich ist, kann dieses Widerspruch einlegen und wir kön-

---

[143] Dieses Merkblatt stammt im Original vom Companies House und wurde durch den Autor übersetzt. Die Übersetzung hat keinen offiziellen Charakter.

[144] Originaltext: crown copyright 2009

[145] anzufordern unter: *www.companies-house.gov.uk./about/gbhtml/gba1.shtml*

[146] einzusehen unter: *www.companies-house.gov.uk*

101

nen Sie auffordern, den Namen Ihres Unternehmens zu ändern.

- Enthält der Name einen unzulässigen Begriff? Bitte schauen Sie dazu in unser Hinweisheft „Firmennamen" (GBF2[147]).

Ausgeschlossene Personen

- Sind irgendwelche der vorgeschlagenen Direktoren oder Sekretäre der Gesellschaft davon ausgeschlossen, als Geschäftsführer zu handeln? Überprüfen Sie das Verzeichnis ausgeschlossener Personen[148].

Satzung, Gesellschaftsvertrag

- Liegen alle Dokumente in gedruckter Form vor? Handschriftliche Dokument werden zurückgewiesen, da es schwierig ist, diese einzuscannen und so der Öffentlichkeit zugänglich zu machen.

- Sind alle Paragraphen und Absätze von Satzung und Gesellschaftsvertrag korrekt nummeriert?

- Enthält die Satzung alle Namen der Beteiligten, ihre Anschriften, Unterschriften und (sofern zutreffend) eine genau Zuordnung der ihnen zustehenden Anteile an der Gesellschaft?

- Enthält der Gesellschaftsvertrag die Namen, Anschriften und Unterschriften aller Beteiligten?

- Wurden Satzung und Gesellschaftsvertrag vor Zeugen unterschrieben und haben dies die Zeugen mit ihrer Unterschrift bekundet? Sind die vollständigen Namen und Anschriften der Zeugen aufgeführt?

Formblatt Nr. 10 (Form 10)

- Wurde das Formblatt 10 vollständig ausgefüllt, mit Datum versehen, unterschrieben und mit den Personen-

---

[147] anzufordern unter: *www.companies-house.gov.uk./about/gbhtml/gbf2.shtml*

[148] einzusehen unter: *www.companies-house.gov.uk*

102

angaben der handelnden Person versehen?

- Wenn keine anderen Geschäftsführerposten bestehen, kreuzen Sie "keine" an.

- Das Formblatt muss von mindestens einem Sekretär und einem Geschäftsführer, die nicht personengleich sind, ausgefüllt werden. Wurden alle Adressen mit gültigen Postleitzahlen versehen?

- Wurde Seite 3 von einem Vertreter in Vertretung der handelnden Personen mit Datum versehen unterschrieben oder haben alle handelnden Personen das Formular unterschrieben?

<u>Formblatt 12 (Form 12)</u>

- Wurden alle notwendigen Streichungen vorgenommen?

- Ist eindeutig klargestellt, in welcher Eigenschaft der Unterzeichner handelt (als Rechtsanwalt, als Geschäftsführer oder als Sekretär?)

- Wurde das Formblatt bei oder nach der Unterzeichnung aller anderen Dokumente den Beteiligten vorgelegt und in der Gegenwart eines Notars, eines Friedensrichters oder eines Rechtsanwalts unterzeichnet?

<u>Endgültige Überprüfung der Dokumente</u>

-

Bitte überprüfen Sie alle Dokumente, um sicherzustellen, dass alles vollständig ist, bevor sie diese an das Companies House senden. Z.B. sollte geprüft werden, ob der Firmenname in alles Dokumenten der gleiche ist. Das Verfahren der Eintragung der Firma wird beschleunigt, wenn alle Unterlagen gleich zu Beginn vollständig und korrekt sind.

<u>Gebühren</u>

- Sind die 20 £ (Eintragungsgebühr) beigefügt?

<u>Kopien</u>

- Haben Sie von allen Dokumenten Kopien gefertigt? Das Register behält alle eingereichten Unterlagen im Original.

2. Mustersatzung einer Limited

Bei dem nachfolgenden Text handelt es sich um ein (recht ausführliches) Muster, das bezweckt, ein Gefühl dafür zu vermitteln, was ein Memorandum üblicherweise regelt. Das Muster dient nicht dazu, in dieser Form ungeprüft übernommen zu werden. Hierzu muss man sich zuvor fachkundigen Rates versichern und es an die Besonderheiten des Einzelfalles anpassen.

THE COMPANIES ACT 1985

(AS AMENDED)

COMPANY LIMITED BY SHARES

MEMORANDUM OF ASSOCIATION

OF ....LIMITED

1. The Company's name is ....Limited

2. The Company's registered office is to be situated in England and Wales.

The Company's objects are:-

....

AND in furtherance of the said objects to do all or any of the following things: -

(a)To purchase, lease or otherwise acquire buildings or land or any estate or interest therein.

(b)Subject to such consents as are required by Law to sell, let on lease or tenancy, exchange, mortgage or otherwise dispose of buildings or land or any estate or interest therein.

(c)To repair, renovate, restore, rebuild, convert, alter and extend any building or land.

(d)To print and publish newspapers, newsletters, periodicals, books, leaflets or other publications.

(e)To represent, express and give effect to the views and opinions of members of the Company on all matters.

(f) To promote or oppose bills in parliament and other measures and to promote the views and aims of the Company to regulatory and statutory bodies.

(g)To organise and promote lectures and seminars and other means of providing education and training and all matters concerning the same.

(h)To co-operate with any local or public authority or other body concerned to achieve the object of the Company.

(i) Subject to Clause 4 hereof to enter into and carry out contracts and in particular to enter into agreements and engagements with administrators, researchers, lecturers, authors, producers, consultants and other persons and retain advisors and to reimburse such persons and advisers by salaries or fees.

(j) To co-operate with operators, manufacturers, dealers, traders, the press and other sources of publicity for the purpose of promoting the objects of the Company.

(k)To raise funds and to invite and receive contributions from any person or persons whatsoever by way of subscription, donation and otherwise provided that the Company shall not undertake any permanent trading activity in raising funds for its primary objects.

(l) Subject to such consents as may be required by law from time to time and subject as hereinafter provided, to borrow or raise money and to execute and issue security as the Company shall think fit including mortgages, charges or securities over the whole or any part of its assets, present or future, but only in connection with the day to day operational requirements of the Company.

(m)To draw, accept, endorse, issue or execute promissory notes, bills of exchange, bills of lading, warrants and other negotiable, transferable or mercantile instruments, for the purpose of or in connection with the objects of the company.

(n)To invest and deal with the moneys of the Company not immediately required in such manner as the Company may from time to time determine subject nevertheless to such conditions (if any) and such consents (if any) as may for the time being be imposed or required by law and subject also as hereinafter provided.

(o)Subject to Clause 4 hereof to employ and remunerate staff; to employ and remunerate agents; and to pay or provide pensions and similar benefits to the staff of the Company and their dependents.

(p)To make such charges as may be thought appropriate for any services provided by the Company.

(q)To pay out of funds of the Company the costs of forming and registering the Company.

(r)To do all such other lawful things as shall be considered incidental or conducive to or in furtherance of the attainment of the objects of the Company; and it is hereby declared that the generality of this present sub-clause shall not be prejudice or affected by any of the powers of the Company set out above.

4. The income and property of the Company whensoever derived shall be applied solely towards the promotion of the objects of the Company as set forth in this Memorandum of Association, and no portion thereof shall be paid or transferred directly, by way of dividend bonus or otherwise howsoever by way of profit, to the members of the Company.

PROVIDED that nothing herein shall prevent the payment in good faith of reasonable and proper remuneration to any officer or servant of the Company or to any member of the Company in return for any services actually rendered to the Company, nor prevent the payment of interest at a rate per annum not exceeding 2% less than the base lending rate prescribed by a clearing bank selected by the Council on money lent or reasonable and proper rent for premises demised or let by any member of the Company; but so that no member of the Council of Management or Governing Body shall be appointed to any salaried office of the Company or any office of the Company paid by fees, and that no remuneration or other benefit in money or money's worth shall be given by the Company to any member of such Council or Governing Body, except repayment of reasonable and proper out of pocket expenses and interest at the rate aforesaid on money lent or reasonable and proper rent for premises demised or let to the Company, provided that the provisions last aforesaid shall not apply to any payment to any Company of which a member of the Council of Management or Governing Body may be a member, and in which such member shall not hold more than one hundredth part of the capital, and such member shall not be bound to account for any share of profits he may receive in respect of any such payment.

5. The liability of the members is limited.

6. Every member of the Company undertakes to contribute to the assets of the Company in the event of the same being wound up while he is a member, or within one year after he ceases to be a member, for payments of the debts and liabilities of the Company contracted before he ceases to be a member, and of the costs, charges and expenses of winding up, and for the adjustment of the rights of the contributors among themselves, such and for the amount as may be required not exceeding One pound.

7. True accounts shall be kept of the sums of money received and expended by the Company and the matters in respect of which such receipts and expenditure take place, of all sales and purchases of property and goods by the Company and of the property, credits and liabilities of the Company, and subject to any reasonable restrictions as to the time and manner of inspecting the same that may be imposed in accordance with the regulations of the Company for the time being, such accounts shall be open to the inspection of the members. Once at least in every year the accounts of the Company shall be examined and the correctness of the income and expenditure account and balance sheet ascertained by one or more properly qualified Auditor or Auditors.